夢を読む

はじめに

眠りの中で奇妙な夢を見て、「なぜあんな夢を見たのだろう？」と不思議に思ったり、夢の中の情景がまるで現実の出来事のように頭から離れなくなったりした経験が、誰しもあるだろうと思います。

くり返し同じ夢を見たり、子どものころに見た夢が忘れられなかったり。夢は確かに自分のものであるはずなのに、私たちの意志とは関係なく心の一部を時折、支配してしまいます。


「夢」は、古くから多くの思想家や学者によって研究されてきましたが、いまだに「それはいったい、何なのか」ということに確固たる定説がない、実に神秘的なテーマです。

フロイトやユングの「夢分析」はとても有名ですが、精神医療の世界ではあやふやな神秘主義として一蹴されることが多いようです。いわゆる

「脳科学」と呼ばれるような分野では「夢に意味などない」とする説もあり、同じ人間の心や頭を扱っていても、その立場によって「夢」の捉え方はずいぶんちがっています。

とはいえ、学問の世界がどういう結論を出そうとも、私たちは自分が見た夢に「何か意味があるはずだ」という直感を抱いていて、それを捨てきれません。夢は確かに私たちに強い印象を与えようとし、何かを語りかけているように感じられます。

もちろん「そう感じられるから、それが正しい」ということはありません。私たち人間は錯覚の生き物といっていいくらい、いろいろなことを思い込み、誤解します。その誤解を自ら解くための手段として、人間は科学的手法というものを考え出しました。

ただ、夢はどうしても、「自分自身のもの」です。

自分が見た夢をそっくりそのまま他人に見せることは、少なくとも今のところまだ、できません。自分が見た夢は、自分だけのものです。その「自分だけのもの」の中に遊び、その意味を自分なりに読み解きたいと思うことは、さほど罪深いことでもないのではないでしょうか。

この本は、心理学的な研究の本でもなければ、「脳」の研究の本でもありません。どちらかといえばやはり「夢占い」の本です。

古今の神話や物語に出てくる夢、文学の中の夢、研究者がいろいろな立場から研究した夢、筆者の身近な人が見た夢、読者から寄せられた夢など、様々な夢とその解釈をご紹介しながら、「夢からなにが読み取れるのか」を遊ぶように考えた、エッセイ集です。エッセイですから、あくまで筆者個人の考えや想念が描かれているわけですが、そこでは「象徴＝シンボル」という考えが、話の中心におかれています。

象徴、シンボルとは、ごく大雑把に言いますと、人間の頭の中で起こる不思議な「置き換え」「むすびつき」のことです。たとえば、キリスト教のロザリオ（お守りとして持つための十字架）や仏教のお数珠などは、それ自体が神々しいものと感じられます。間違っても、踏んづけたり壊したりする気持ちになれません。国旗や勲章、貨幣などもシンボルの一種です。本来は、木や石や金属や布など、単なる物質でしかないものなのに、それが聖なる特別な力を持つように思える、これが「象徴」です。

筆者は平素、主に「星占い」の記事を執筆することを生業としていますが、星占いの世界も立派な「象徴の世界」です。ですから、相手が「星」

でなく「夢」であっても、シンボルの世界に遊ぶことに変わりはない、と開きなおって、この本を書き上げました。

この本の前半にある「シンボルのおはなし」は、夢の中に出てきたものがいったいどんなことを象徴しうるのか、それをキーワードでご紹介するページです。「夢占い事典」は多々出版されていますが、そうした本では夢の吉凶や未来の予測が書かれています。この本はそうではなく、あくまで、夢に現れたものがどんなことを象徴しているのか、を考えています。

後半は、様々な角度から夢を考察したエッセイです。古今の人々が夢とどうかかわってきたのか、その例をご紹介し、私たち自身がどんなふうに夢と対話しうるのか、を探ってみました。

最後に付録として、雑誌MOEのWebサイトで公募した「読者の見た夢」と、それに対する私の解釈をいくつか、掲載しました。これをお読みになればきっと、皆さんも「夢日記」をつけてみたくなるはずです。

では、しばし現実を逃れて、夢の世界へお入りください。zzz…

目次

ブックデザイン　名久井直子
イラスト　西淑

第一章
シンボルのおはなし

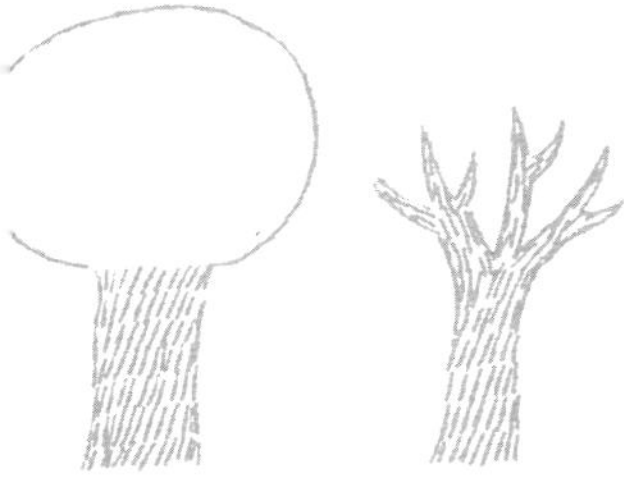

水 Water

洗い流す　清らかさ
純粋さ　浄め　うるおい
生命の源
ものごとの流れ　時間の流れ
飲み込む力　冷たさ
女性性　洪水
解体と死　終局と蘇生
感情　無意識

海や雨、川の氾濫など、水の夢を見たことがある人は多いはずです。私たちは、普段の意識のほかに「無意識」と呼ばれるような心の領域をもっています。ふとした何気ないことがきっかけで、何年も前に感じた悲しみが蘇り、涙を流したり、感情が揺さぶられたりした経験はあるでしょうか。夢の中に出てくる大量の水は、そうした「普段意識にのぼらない心の領域」「深く大きな感情」がどうなっているかを教えてくれることがあります。

無意識は時に、自分で自分をコントロールできないような状態をつくり出します。水に飲み込まれる夢は、自分の中に押さえ込まれ隠されたものが自分を飲み込もうとしている夢、なのかもしれません。

多くの神話に「洪水」のモチーフが表れますが、水が一度全てを飲み込み、そこで浄められた生命が新たな時代をつくり出すという「浄化と再生」のイメージも、とても普遍的です。

水が印象に残る夢は、その人の中の「理屈や意識以外の部分」が力強く活動していることを示唆している可能性があります。

木 Tree

生命力　成長　繁栄

可能性　人生

天と地を結びつけるもの

長い時間をかけて育つもの

目標　実績　庇護

命の循環（落葉樹）　継承

輪廻　永遠（常緑樹）

木は人間にとって大切なシンボルです。アダムとイブの伝説に登場する「知恵の実の木」、北欧神話の「世界樹」、あるいは「ジャックと豆の木」など、世界の中心にあって生命を統べるような、天地を支える役割を担う木もあります。私たちは、お正月に神社で引いたおみくじを木の枝に結びつけますが、あれも「木の枝に聖なる力がある」「木が天に悪運を『返して』くれる」といったように、木が天と地をむすぶ「道」であることを暗示しています。

すくすく伸びていく木は、生命力や繁栄を感じさせます。また、「寄らば大樹の陰」という言葉のとおり、その枝の下に生き物を守るというイメージも湧きます。青い芽を吹き、花を咲かせ実をつけ、また葉を落とし、というサイクルは、人間の、親から子さらに孫へと命や財産を繋いでいく大きなライフサイクルに重なります。また、一つの樹木が一人の人の人生を象徴する場合もあります。

枯れた木が夢に出てきたら、衰退や疲労や老人を連想する人もいると思います。ですが木は、一見枯れて命を失ったように見えても、季節が変わるとまた「再生」する存在です。樹木が懸命に青い芽を吹いていれば、それは貴方の「ここから新しい生活を始めよう」という気持ちを、象徴しているのかもしれません。

火 Fire

生命　情熱　怒り
世俗の罪や汚れを浄める力
精神の輝き
わがままさ　欲望　傲慢
自分をも焼き尽くすような
危険な衝動
苦しみを生み出すもの

お寺での「御焚き上げ」や仏壇の蝋燭や線香など、火は聖なる儀式に頻繁に登場する、非常に清らかなものです。が、その一方で、「欲望の炎」「地獄の業火」のように、とても低い場所で燃えさかる火もあります。

暗闇に燃える火は、全てのものを照らし出します。ゆえに、火は迷妄を導く知恵や、迷いをふきとばす精神的な強さなどと重ね合わされます。ものを「腐らせる」力も、火によって消し去ることができます。火は、邪悪なものや醜さ、害悪を浄める、とても強力な力です。この強力さには時に「正義」「道徳」という価値観も含まれます。

また、人間は生きているときは温かく、命を失うと冷たくなります。このことから、火の「熱」が、「生きている」ということそのものを象徴することもあります。「命の炎」「命の灯火が消える」というような日常表現に、そのことがよく表れています。

火が燃えさかると、山火事のような状態となります。圧倒的なエネルギーで、人間の力の及ばぬほどに燃え広がる火のイメージは「神々の怒り」を連想させます。

夢の中に炎が表れたとき、その炎の様子によって、私たちは自分の欲望の形や正義の是非、直面している危機、あるいは、自分が何を怖れ、何に怒っているのか、などを、密かに知らされているのかもしれません。

土・大地

Earth

安定

根をはること　ルーツ

豊穣　不動のもの

母なるもの―育む力

原料　世界

現実　財

降りていくこと

沈殿　着地

「大地母神（ガイア）」「母なる大地」などの言葉を目にしたことがある人も多いと思います。どっしりと動かず、生活をその上に載せていてくれる大地は、古来、人にとって安心や安定、自分を守り育ててくれるものと感じられていたようです。また「天地」のように、世界が「天」と「地」によって表されることもしばしばあります。この場合、太陽など光を擁する天が父で、樹木を育て動物を懐胎する大地が母、という組み合わせになることが多いようです。

また、聖書の物語や各国の神話において、「人間が土から造られた」というお話がよく知られています。陶器やレンガは粘土から作られますが、それに擬えるように、人もまた「大地から生まれた」わけです。

大地が揺らぐ地震は、宇宙の秩序を乱す、神様の特別な力と受け止められることもありました。本来、揺るがぬ母であるはずの大地が「揺れる」ことは、普段から不安定な空が様々な顔を見せることよりも、遙かに不安なことだったのかもしれません。

さらに、「地中の小人」というイメージもポピュラーです。『指輪物語』のホビットのように、地中に住んでいる賢い小人が、大いに財産を貯えているというお話は、「大地」が金銀宝石といった宝物を隠していることに由来し、「財産」のイメージに結びついたのでしょう。

大地や土が重要な役割を果たす夢を見た人は、経済的なターニングポイントにあるのかもしれませんし、あるいは、自分のルーツや土台となるものと向き合うべき状態に置かれているのかもしれません。

海 *Sea*

無意識の世界

たどり着く場所

救済　浄化　耽溺

飲み込む力

死と再生

愛

母なるもの──飲み込む母

感情

海は全ての生命の源であり、人間に「海の幸」を与えてくれる恵みの場所です。その一方で、人魚や魔物を住まわせて人を溺れさせる、危険な場所でもあります。海は満ち引きし、船を優しく運んでくれるときもあれば、荒ぶる嵐で船を沈めてしまうこともあります。

こうした、不可解で強力で、さらに「底の見えない」海を、人の心は自分たちの意識の向こう側に広がる不可解な世界と結びつけているようです。夢に出てくる海はしばしば、その人の無意識の世界を象徴している、と考えられているのです。

海水浴をしている夢や、海で溺れそうになる夢、あるいは、溺れそうになっている誰かを助ける夢など、海は頻繁に多くの人の夢に現れます。私たちは日ごろ「意識」によって生活していると感じていますが、実際には、恋愛感情や未来への不安や心配事や過去の後悔や罪悪感など、さまざまな感情に飲み込まれ、自分で自分をコントロールできない状態をなにかにつけ、体験します。眠れない、食事が喉を通らない、思わず笑ったり泣いたり、勉強するつもりだったのに寝てしまったり、自らの意志で決めた断酒や禁煙を自ら破ってしまって後悔したり、等々、自分で自分を統御できない状態を経験したことがない人は、少ないはずです。ですが、そうした「自分が自分で統御できない状態」の時に働いている力は、怖ろしいだけのものかというと、決してそうではありません。私たちは色々な欲に身をゆだねることで栄養をとり、子孫を残し、生命を躍動させて生きています。

私たちは夢の中でしばしば、海からなにかを救出します。そこで救い出されたものは、私たちが意識によって殺そうとしてしまった、大切な「内なる魂」だったかもしれません。

山 Mountain

分離

到達すべき目標

超えるべき課題

神様に近い場所

聖なる場所　非日常

高さ　非現実性

2つの世界を隔てるもの

天高くそびえる「山」は、人々にとって古くから特別な場所でした。日本の富士山は「霊山」とされ、多くの人に信仰されていましたし、キリスト教でもモーセが神の啓示を受けたシナイ山があります。さらに、エジプトでは「人工の山」とでもいうべきピラミッドが造られるなど、「山」は畏怖と信仰の対象でした。

山のイメージは「超えがたいものを超える」とか「それまでいた世界から離れる」というような意味を担って、夢に現れることがあるようです。高い山の反対は、低い「現世的世界」であり「今ある現実」といえるかもしれません。山は古くから、宗教者や仙人などの「修行の場」です。自分が守られ、融合し、あるいは縛られている環境から、山という神様の世界に移動することで「分離」し、新しい自分を獲得することが、山のイメージに重なるのでしょう。

　また、山は「高さ」の表現でもあります。タロットカードでも、高い場所である「塔」は、それが崩れ落ちるという危険を表しています。こうした「高すぎることの危険」は、私たちの生活で随所に潜んでいます。文字通り、高い場所を好む人は落下事故に遭いかねません。あるいは、人を見下す差別意識、優越感や権威主義、高すぎるプライド、高すぎる道徳意識など、「高すぎる」ことには危険がつきものです。

　あるいは、神の領域に近づきすぎて罰される、というモチーフのお伽噺がありますが、山という神聖な場所に「近づきすぎ」て、危険に陥っているということもあり得ます。

　前述の「分離」も、ある意味、危険な行程です。私たちには、危険と引き替えにでも得なければならないものもあれば、自分では知らぬ間に危険な場所に立ち至っている場合もある、ということを、「山」が教えてくれているようです。

月 Moon

変化　時間の経過
母なるもの　女性性
生産性　不安定さ
感情　心　妻　子宮
子ども　妊娠
光と闇　狂気　魔法

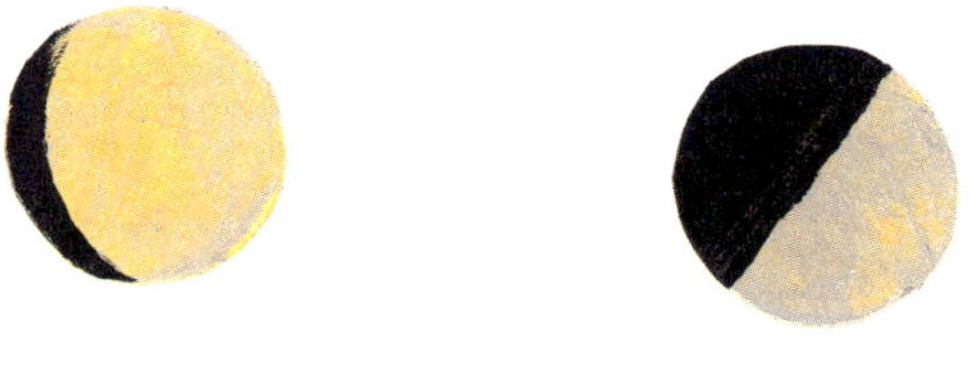

満ち欠けする月は、古くから私たちの「時間」を刻んできました。今も「一ヶ月」「month（moon）」などのように、その名残がカレンダーに残っています。また、テレビや映画などで「それから数ヶ月が経ち……」というふうに時間の経過が表現されるとき、必ずといっていいほど月の映像が用いられます。時間が経つこと、時間の経過によって物事が徐々に変化すること。私たちの目では捉えられない、そうした「いつのまにか」起こっていく変化を、月が象徴しています。

満ちたり欠けたりする不安定さ、怒ったかと思えば笑っている感情の変化、大きく膨らむ妊婦のお腹、満ち引きする潮など、月は不安定な柔らかい変化をも象徴します。古来、女心の変わりやすさをうたった警句や詩は枚挙にいとまがありませんが、そうした感情の移ろい、あるいは若々しい美しさの移ろいなども、月の象徴する世界です。

「ルナティック」という言葉が示すとおり、月は不可解なもの、まがまがしいもの、狂気を象徴することもあります。これは、「昼＝太陽＝意識」のもとでは出てこない、「夜＝月＝無意識」の世

界を意味しているものと思われます。私たちは光の顔の裏に闇の顔を隠し持っていて、その闇の顔が月に照らし出される、というわけです。どんな善人でも、心の中に暗さや醜さ、弱さを隠し持っているものですが、月はそうした世界を照らし出すのです。

「無原罪のお宿り」という絵画のモチーフがあります。これは、聖母マリアの母、アンナが、マリアをあらかじめ原罪から解放された存在として腹に宿したことを示す図です。「無原罪のお宿り」を描いた絵には、聖アンナの姿、そしてその足元に月が描かれます。処女性と母性は、その間にある性的世界とは無縁のものですが、この人間の心の矛盾した真実が、月によって表されているのです。

夢に出てくる月は、不安感や変容の予感を表すこともあれば、大きな転機を意味していたり、あるいは、その人の内なる「母なるもの」を表したり、さらには、その人の感情を象徴していたりします。女性にとっては「女性としての自分自身」を意味することもあるでしょう。

太陽

Sun

父性　意識　意志

活力　正義　勝利　成功

権力　支配

行動　強い肯定／否定

闇を滅ぼすもの

男性性　善　夫

社会的地位　王　心臓　中心

太陽は地球から見て、空に輝く最も大きな天体であり、私たちの生活を支配する偉大な存在として古来、崇められてきました。月が「母」であれば太陽は「父」として、つまり両者なしでは人間や世界が存在し得ないもの、というほど重要なものと見なされてきました。多くの神話の中で、太陽は「神」そのものです。

太陽は世界を明るく照らし、植物を育て、私たちを温めます。絶対的に肯定的な性質を持ち、隠されたものを明るみに出す「正義」をも担っています。その一方で、ギラギラと照りつけて全てを干上がらせてしまう熱の力が、激しい懲罰や否定の力と結びつけられることもありました。

太陽は世界の中心であり、王様のような存在であり、人の身体では最も重要な器官である心臓を象徴しています。星占いの世界でも、「私は双子座です」というのは「私が生まれたとき、太陽は空の双子座の場所にありました」ということを意味しています。それほど、太陽は重要な存在なのです。

太陽が夢に出てくるとき、父親やパートナー、権力や社会的な力を象徴しているのかもしれません。あるいは、抱えている問題に肯定的な状況が生まれていることが示唆されているのかもしれません。または、自分の中にある力を、意志や論理的思考によって自らまとめ上げ、花開かせていけるということが暗示されていたりするのかもしれません。

森 Forest

不可解だけれども
分け入っていける領域

女性性

無意識の世界

未開拓の分野　神殿

聖なるもののある場所

原初的な状態

キリスト教の教会に見られるゴシック様式は、森をモチーフとしていると考えられていますが、神聖な祭儀を森の奥で行うという習俗は世界各地に見られます。森は不可解で、いろいろな動物が住んでおり、妖精や妖怪なども暮らす「隠された、不思議な場所」です。採集狩猟生活では森から多くの恩恵を受けるため、「恵みを与えてくれる場所」として信仰の対象となりました。夢の中に出てくる森は、そうした「神秘的で不可解だけれど、その中に分けいっていける場所」を象徴していると考えられます。また、「未開拓」というイメージから、自分の中にあるまだ成長・分化していない部分を示していることもあるようです。夢は総じて「もう一人の自分」である無意識に出会う場所と言えますが、森の夢は「無意識の中に分け入る」様を描いている場合が多く、自分の心の奥深くに触れようとするプロセスを象徴していると言えるでしょう。

季節

Season

今、自分が置かれている状態、段階

生命力　再生の可能性

時間に沿ったうつりかわり

春夏秋冬は、人生の四季に似ています。すなわち、若草の萌える春は出生から青春へといたる初々しい時代を、太陽の輝く夏は精力に溢れる活発な壮年期を、秋は充実した力を蓄えて若い世代の範となる指導者、収穫者としての時代を、冬は身体的な健康を徐々に失い、次世代に時代を譲り渡す老年期を、それぞれ象徴しうるわけです。

こうした「世代」的な意味のみならず、毎年四季が繰り返されるのと同様に、私たちの生活においても、一定のサイクルで新陳代謝が行われています。たとえば、新しい仕事に就き、その仕事に慣れて活躍したものの、物足りなさや無力感を感じた後、その場を離れて新天地を求める、という具合に、春から冬までを越してまた新しい春を迎えるような展開を、私たちは人生において色々なスケールで繰り返します。夢の中に出てくる季節は、「今の自分の状況」を象徴的に示している可能性があります。冬であれば疲労や失望の中にあって春を待つような状態かもしれません。夏の盛りであれば、輝かしい時代を過ごしつつもやがて来る秋冬を予感して、備えをしなければならないと感じているのかもしれません。春や夏は豊穣そのものでありつつ、その一方で傲慢もあります。秋や冬は一見衰えているように見えてその実、地中に豊かな力を貯えています。自分では意識しない「自分の状態」が、夢の中の季節に見いだせるかもしれません。

雨 *Rain*

潤い

涙

贖罪　洗い流すこと

恵み

性的な潤い

女性性

感情の流露

雨は、流れる涙のイメージから、悲しみや失望を連想させますが、同時に、乾いた大地への恵みの雨と捉えることもできます。古い時代には、汚れや罪を洗い流してくれる神様の雨、というイメージも根強かったそうです。「汚名を雪ぐ」という言葉があるように、私たちは恥や不名誉、時には苦悩や不安をも「洗い流したい」と感じます。雨は夢の中で、神秘的な「洗浄・浄化」を意味することがあるのです。

その一方で、雨という「天気」は、「悪天候」というイメージにも繋がり、コンディションが良くないとか、「雨天中止」のような足止めの隠喩につながることもあります。

また、精液や愛液などのイメージから、夢の中に表れる雨には時に、エロティックな意味が隠されているかもしれません。

虹 Rainbow

架け橋

悩みや悲しみの終わり

約束　メッセージ

陰陽の合一

性交

幸運

宝物のありか

虹は古くから、「天地をつなぐもの」というイメージで捉えられてきました。神様からのメッセージ、天との約束、といった特別な意味を与えられることが多かったようです。雨上がりに美しく空に輝く虹は、多くの場合、ポジティブなシンボルとして解釈されています。雨が上がる、ということから、苦悩や苦痛、悲しみが「終わる」ことを意味していたり、あるいは、虹は幸運の知らせであるとか、虹と大地が交わったところに宝が埋もれている、などと考えられていました。

古代中国では、虹に、天と地、陰と陽、すなわち男と女が「交わる」という意味を読み取りました。一方、虹という文字に「虫」が入っていますが、これは蛇や龍を意味します。龍は王者や権力の象徴であり、「白い虹」は政変と結びつけられることもありました。

虹の夢はたいてい、のぞましい出来事を語るようですが、時に、突発的な変化を暗示することもあるのかもしれません。

泉・井戸

fountain, Well

健康　薬効

未知の世界への入り口

隠されたものが出てくる場所

女性性　浄化

地底に続いていく井戸や地下からわき上がる泉は、「地底に広がる、見えざる世界」との通路のような役割を持っています。日本の怪談やホラー映画などでも、井戸の中から幽霊がでてくることがありますが、あれは井戸が「あの世」との結節点となっているわけです。地の底の世界に、過去の苦しみや悲しみが沈んでいて、それが井戸を通って「出てくる」のです。夢の中ではおそらく、無意識の世界に沈んでいたものが、泉や井戸から「出てくる」ことが考えられます。

また、キリスト教における「洗礼」のように、泉や湧き水には聖なる力があり、その水によって生命力を授かるという考え方も古くからあります。世界各国で、湧き出る泉に不思議な「薬効・効能」があるという言い伝えが見られます。日本でも万病に効く泉、目の病気が治る湧き水などが各地に点在しています。泉は大地の不思議な力を秘めていて、それに触れるものは苦しみから解き放たれるのです。

他に、「水が湧き出る」ことから、性器（主に女性器）のイメージが重なる事もあります。女性としての潤い、エロティックな欲望が、泉から溢れてくるわけです。

英雄（ヒーロー）

Hero

理想

理想と現実のギャップ

成長の過程　プロセス

可能性　若さ　知性以外の力

英雄やヒーローは、誰もが望むような勇敢さや強さを持っています。同時に、しばしばまだ経験を積んでおらず、人間を超える力を持っていながら、人間的な弱さも秘めている存在です。

不可思議な力と、人間的な弱さ。これらが同居しているのが英雄という存在です。ドラマやマンガ、映画などに出てくる英雄は大変若く、時にはハリー・ポッターやドラゴンボールの悟空のように、幼い子どもの姿で登場することもあります。

私たちは幼い頃から、「万能・無敵」を夢に見ます。その一方で、成長するに従って、現実の中に生きていくことを引き受け続けます。超人的な力と、人間的な力の同居する「英雄」の姿は、成長していく私たちの内面的な葛藤のありかたを象徴していると考えられます。

英雄が夢に現れるとき、私たちは「もう少しでたどり着く、新しい自分」を予期しているのかもしれません。夢見る自分と現実を生きる自分が出会い、そこに新しい一人の自分が生まれる、そのプロセスをたどっている最中なのかもしれません。英雄の闘いはそのまま、私たちが「世界」と闘っている様子であり、英雄のたどる物語は、私たちが超えていける心の物語なのだろうと思います。

悪魔・おばけ

Devil, Ghost

否定　悪　恐怖

新しい可能性

認めたくないけれど認めねばならぬこと

もう一人の自分

怖いオバケに追いかけられる夢、悪魔に出会う夢など、私たちは「怖い夢」をしばしば見ます。「ナイトメア（悪夢）」は世界各国古今東西、とても一般的です。夢の中で怖ろしいものに出会うと、「現実にも、怖ろしい出来事が起こるのでは」と考えたくなりますが、実際はそのオバケたちは、自分のもう一つの姿、隠された自分自身なのかもしれません。

　私たちは、自分の中にたくさんの自分を持っています。良い自分と悪い自分が心の中でケンカをしたり、弱い自分に強い自分が打ち勝ち、或いは弱さに負け、そうして、日々を何人もの自分の会議の結果のようにして生きているところがあります。中には、それが「自分の気持ち」だとはどうしても認めたくないような「自分の気持ち」もあります。

　そうした、日ごろ否定したり隠したりしている「自分の気持ち」が、夢の中に現れ出てくるとき、オバケや悪魔、幽霊などの姿をとるのです。かつて、くり返しオバケに追いかけられる夢を見る、と悩んでいる方に「今度そういう夢を見たら、逃げないで、試しに掴まってみたらどうでしょう」と冗談めかしてお答えしたことがあるのですが、その方は意外にも「そうですね、そうしてみます」と納得されたので驚きました。もしかしたらその人は、全力でオバケから逃げ出しつつも、本当はそのオバケと対話してみたかったのかもしれない、と思いました。

クモ

Spider

罠　執着　邪悪さ　危険
救い　不思議な守り
天から授かる幸運　織物　創作

キリスト教の世界では、忙しく働く「善良な」ミツバチとの対比から、クモはじっと罠を作って獲物を待つ「邪悪な」存在とされています。ミステリアスで貪欲で、危険なものの象徴です。毒グモならば人間にとって確かに危険な生き物です。

その一方で、小説『蜘蛛の糸』のように、天からおりてくる救いや、天から授かる幸運の証となることもあります。古代中国ではクモは「吉祥」でした。

また、クモの糸が獲物を引っかけて離さないイメージは、強い執着や心理的な依存関係を象徴することもあります。罠にはまったような気持ち、意識せずに「取り込まれている」感じなどが、クモによって表されるわけです。クモはその柔らかさや糸を紡ぐ仕事ぶりから、女性的なイメージを与えられています。女性が静かに人や物事を「絡め取って支配する」力を、クモが示している場合もあるようです。

ヘビ

Serpent

知恵　秘密　賢さ

生と死　再生（脱皮）

医術　魔術

輪廻

先祖からの祝福　富

性的な力　男性器

原初的な心

潜在意識　心の持つ力

ヘビはとても複雑なシンボルです。白いヘビや黄色いヘビが出てきたら金運が良くなるとか、ヘビ革の財布が財運に効くなどという言い伝えは非常にポピュラーです。その一方で、キリスト教の旧約聖書に出てくる、イブを誘惑して人類に原罪をもたらしたヘビは、「悪」の側の存在です。「知恵の実」をイブに授けたのがヘビですが、このようにヘビを悪い意味で解釈する場合も、狡猾さ、悪賢さといった「知恵」のイメージが強調されます。

ヘビの脱皮は、再生する生命力を象徴しますし、ヘビの形状は、男性器のイメージを呼び起こします。ヘビは太古の昔から、人の心の中に躍動していて、夢の中でヘビに出会ったら、それは自分の中に今も生きている、太古の昔の心の力に出会ったのと同じことだ、という考え方もあります。

ヘビの象徴している「力」は、良くも悪くも、とても強力なものだと云えるでしょう。

イヌ

Dog

忠誠　貞節

案内者　見張り　番犬

守る力　警戒

怒り　闘い

悪いものを追い払う力

男性性　卑しさ

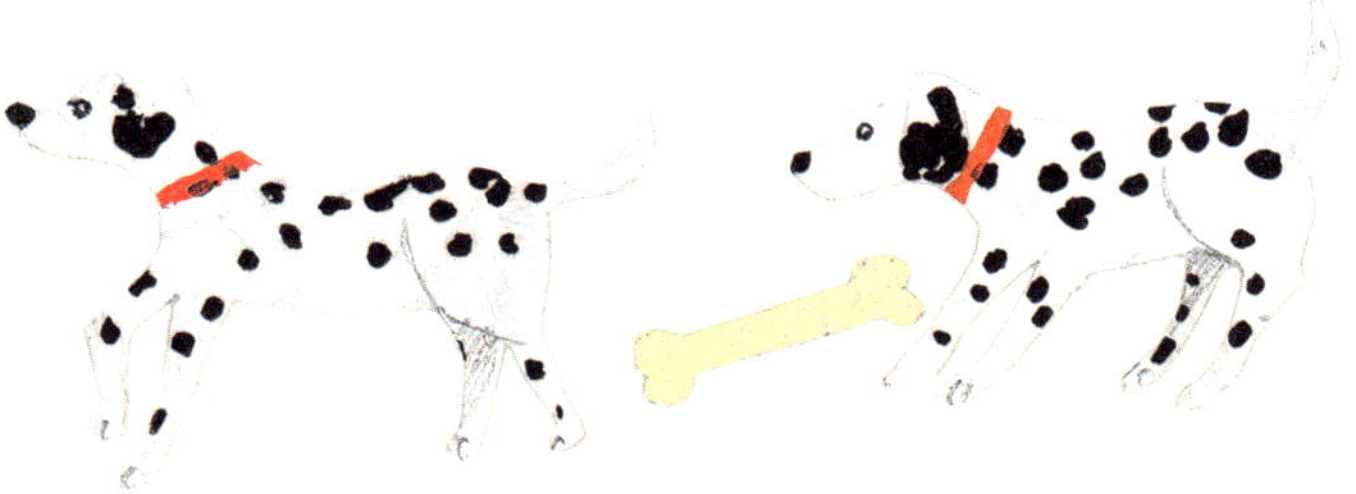

犬は古くから人間と生活を共にしてきた存在であり、悪いイメージで捉えられることは少ないようです。人間に対して忠実に従い、時に飼い主を守るために戦う姿から、誠実さや貞節さの象徴とされてきました。

その一方で、人間には見えないものを感知する嗅覚などのためか、冥界や死の世界への「案内者」、三途の川の渡し守のような存在として考えられたり、あるいは地獄の門で番をする犬、といったように、「あの世」と結びつけられることもあります。

また、「政府の犬」「警察の犬」というように、誰かの言いなりになって自分では意志を持たない卑しい存在という言い方もあります。

筆者はしばしば、子供の頃に飼っていた犬の夢を見るのですが、そうしたときはなんとなしに「守られている」というあたたかな感触を得ます。

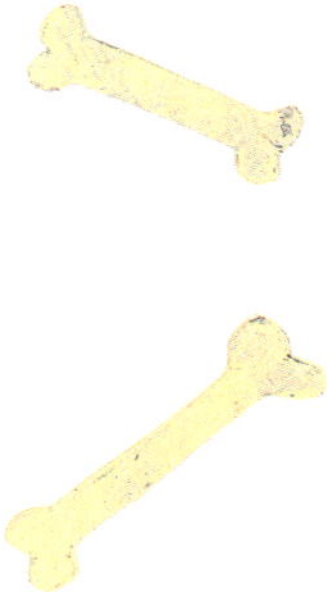

ネコ

Cat

女性性

夜

変化　神秘

嘘　偽り

自由

魅力　懐胎

犬と猫は対照的な存在と言えるかもしれません。犬が忠実さを象徴するなら、猫は自由や変わりやすさを象徴します。猫の目が大きくなったり小さくなったりすることが、邪悪さや偽りと結びつけられることもあるようです。よく眠ることや夜行性であることなどが、夜のイメージと結びつけられますし、また、しなやかにくねる曲線的な身体は、女性の身体の優美なラインを連想させるようです。さらに、気まぐれで人に縛られない行動パターンから「自由」の象徴とされることもあります。

黒猫は日本でも不吉なものと言われることがありますが、ギリシアでも魔力を持っていると信じられていたようです。

また、「猫の夢は、女性の懐胎を暗示する」という言い伝えがあります。源氏物語にも、女三宮と柏木の密通に際し、夢に現れた猫が女三宮の懐胎を暗示する、というシーンがあります。

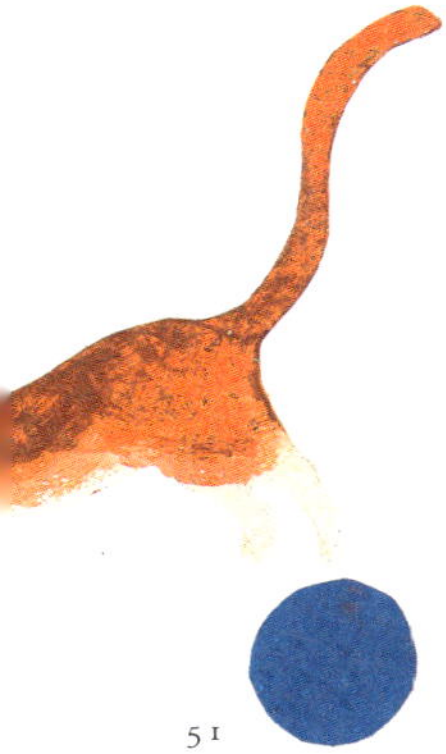

魚 *Fish*

聖なるもの／俗なるもの

救済　キリスト

愛　幸運　深層心理

無意識　精神の深さ

変化　意外な要素

恵み　魅力　耽溺

性交　男性器　冷静さ

激しい感情の下にある、理性的感情

魚もヘビと同様、非常にたくさんのイメージを担ってきたシンボルです。キリストそのものと関連づけられていた時代もあり、救済や愛、精神的な力を象徴します。また、魚は「海の幸」であり、鯉のぼりや「イワシの頭も信心から」など、幸運、力、聖なるものを象徴することも少なくありません。

同時に、その冷たさや、水の底に生きる生物であることから、人の深層心理や無意識の世界に関係の深い存在ともなります。大きな魚に飲み込まれるような夢、あるいは「ジョーズ」のような映画には、人間の無意識が人を飲み込んでしまうような現象が描かれているように思われます。精神的に大きな変化を遂げる過程が、大きな魚によって表されることもあります。

占星術の「魚座」は、あらゆる境界線を越えていくような力、社会的ヒエラルキーを無効にするような力を象徴しています。たとえば、教会やお寺の中では、世間的な地位や肩書きは意味を持ちませんが、そうした超越的な価値観と世界を、「魚」が象徴しているのです。

ウマ

Horse

闘い　勝利

男性的な力　馬力

荒ぶる力／統御する力

良心　高貴　誇り

臆病　繊細　移動　旅

馬は古くから人間のパートナーです。賢さや脚力、姿の美しさなど、高度な力をたくさん備えています。主なる移動手段であった古代とは少し意味が変わってきているかもしれませんが、「馬力」「尻馬に乗る」「馬脚をあらわす」など、馬のイメージは日常語の世界に深く浸透しています。

夢の中に表れる荒馬、ロデオのような激しく暴れ回る馬は、自分の中にあって「まだうまく乗りこなせていない力」を象徴しているのかもしれません。

チョウ

Butterfly

美　はかなさ　変身　成長
希望　人の魂　死者の魂
移り気　若々しい恋
恋人のもとに来る男性　幻想　夢

幼虫から蛹になり、蝶に羽化するプロセスは、とても神秘的です。蝶は変化と成長のシンボルであり、同時に、死の象徴でもありました。死者の魂が蝶となって愛する人の元に帰ってくる、というイメージは映画などにもしばしば描かれます。

　また、花から花へと蜜をもとめて飛び移る蝶は、若い人の移り気な恋を連想させます。特に、花は女性的なイメージを持っているため、蝶は男性のあてにならない心に重ねられることが多いようです。

　鳥もそうですが、「飛翔するもの」は、天と地を自由に行き来するものと考えられ、天界や神様の世界からのメッセンジャーと位置づけられる傾向があります。蝶もまた、神様から吹きこまれる「魂」を示します。

「胡蝶の夢」という故事がありますが、夜に見る夢そのものと蝶が結びつけられるケースもあります。映画などでの「幻想」の表現として、シジミチョウのような無数の蝶が飛び回る、というシーンがあります。それが「現実ではない光景」であることを、蝶が暗に語っているわけです。

ハト

Dove

平和

愛　幸運

非暴力

善良さ　純朴さ

メッセンジャー

愛欲

魂を運ぶもの

徳の高さ

「平和の鳥・鳩」は、とても広く知られたシンボルです。イベントやお祭りなどの際に、天に向かって平和を祈るために、たくさんの鳩が放たれることがありますが、これは鳩自体が平和を象徴するだけでなく、私たちの「祈りを乗せて天へ運ぶ」という、メッセンジャーとしての機能も担っているものと思われます。一方、鳩はヴィーナスとも密接な関係にあります。鳩の象徴する「愛」は博愛的なものではなく、ずばり恋愛や性愛です。たとえば、愛する女性を「私の鳩」と呼んだりするわけです。

帰巣本能に優れ、「伝書鳩」として活躍してきた鳩は、天からのメッセージを運んでくる存在でもあります。また、死者の魂を安全に天に運ぶこともできます。

『カラマーゾフの兄弟』で、主人公アリョーシャが幼い子どもたちに向かい、「僕の小鳩たち―君たちをそうよばせてください。なぜなら、今この瞬間、君たちの善良なかわいい顔をみていると、あの美しい灰青色の鳥にみんな実によく似ているからです」と語りますが、この一節に、鳩が古来象徴してきたイメージが、ありありと表れている気がします。

桃 Peach

魅力
女性の美しさ
若々しさ
薬効　健康
女性の性的魅力

その色彩や形状が、女性の美しい頬や、肌の白さ、お尻の形などを想起させるため、桃というシンボルはかなりエロティックな意味を含んでいることが多いようです。「桃太郎」の物語においても、もともとは、桃の中から桃太郎が出てきたのではなく、川で拾った桃が回春剤として作用したとか、さらには桃が「若い女性」そのもののアナロジーとなっている、等の説があるようです。

中国では特に、言い伝えや詩歌などに桃が頻出します。若い女性の魅力を表現するとともに、桃が邪気や悪霊を払うという考えから、桃にまつわる祭儀の伝説もあります。

リンゴ

Apple

愛　魅力

報償　授与　贈り物

知恵　悪徳

世界　地球　魅惑

キリスト教の世界では、イブがもいだ「知恵の実」に最もイメージが近いのが、リンゴです。血のように赤いリンゴの実は、甘さやみずみずしさだけでなく、何となく「邪悪なもの」を連想させるのかもしれません。

ギリシャ神話の世界では、アフロディテ・ヘラ・アテナの三人から最も美しい女神を決める「パリスの審判」にも、リンゴが用いられました。リンゴは賞賛や授与、任命などのイメージをも、纏っているようです。

さらに、イブはアダムに、パリスはアフロディテにリンゴを「贈り」ましたし、更にその見返りとしてアフロディテはパリスに絶世の美女ヘレンを「贈り」ました。リンゴはこのように「贈与」のシンボルでもあります。

また、その丸い形は「世界」とも結びつけられます。このイメージは非常に古くからあるようですが、現代では、有名なニュートンとリンゴの木のエピソードも、「万有引力」「地球」などの連想を呼ぶ所以ではないかと思います。

みかん

Orange

黄金　金貨　奇貨

豊穣　吉兆　幸運　懐胎

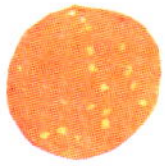

明るい金色に輝く蜜柑は、金や金貨のイメージにつながります。金色のものを夢見ると金運が向上する、という言い伝えはポピュラーですが、蜜柑もまた、そうした「お金、ゆたかさ」を象徴することがあります。

さらに、第二章で紹介している、北条政子の「夢買い」のエピソードにも、蜜柑に似た柑橘類の実である「橘」が出てきます。政子の妹が「高い山に登って、月と太陽を左右のたもとに取って入れ、三つの実がついた橘の枝をかざす」という夢を見たという話を聞き、政子は妹からこの夢を買いうけるのです。

「三つの大きな蜜柑」は、日本の古いお話にしばしば登場します。いずれも、吉兆や幸運を呼び寄せるものとして描かれています。

正方形

Square

安定

世界

秩序

生活空間

現実

物質的世界

古来、「世界」を表現する時、自然に用いられてきたのが正方形です。東西南北を定め、世界をその中に治めて秩序を保とうとする、人間の空間に対する感覚が、正方形をもって「世界」を表現させてきたのかもしれません。

完全で安定した、秩序立った空間を暗示する形であるため、一般に「四角四面な人」といわれるように、窮屈さや緩みのなさ、自然に反するありかたを象徴することもあるようです。

あるいは、自分の行動範囲や、生きている世界の広さ狭さ、他者と自分との境界線などがこの四角形に表されることもあるかもしれません。

三角形 Triangle

火（上向き）

水（下向き）

男性性

女性性器

調和

三位一体（キリスト教）

その形状からの連想で、三角形は様々なものを象徴することがあります。炎の形は上向きの三角形で、水が上から下にしたたり落ちる様子は下向きの三角形で表されますし、女性の陰部は足を閉じた際の陰毛の様子から「デルタ（Δ）」と呼ばれたりします。一方、上向きの三角形は、上方に屹立する力のイメージから、男性性の隠喩ともなります。ユークリッド幾何学では、二点が決まれば直線が決まり、そこにこの直線に交わらないもう一つの点が加わることで、三角形ができあがります。一対一、二項対立、直線という一次元の場に、更なる一点が加わってそこに二次元の図形が出現することは、「調和」のイメージを喚起したようです。もとより、夢の中に「3」という数字が出てくることは非常に多いようですが、「3」は可能性であり、方向性の決定であり、ここから動いていく一つの力を象徴している、と考えることができます。

星占いにも「三角形」が出てきますが、これはある原理の完全な調和を象徴します。純粋な、結晶のような完全さがそこに示されています。

輪・車輪

Wheel

循環　くり返し
運命　転がる
永遠　拘束
時間
逃れ得ないこと

タロットカードの「運命の輪」は、突然の幸運や時間の経過、チャンス、変化などを象徴します。これらのことは「人間の意志に関わらず訪れるもの」です。車輪が回り出すと、それに乗っている私たちはもう、そこから降りることはできません。車輪は自ら向かうことに決まっている方角に向かい、逸れることはないのです。

輪は、回転する車輪とは別なイメージももっています。それは、中心から四方に向かって広がる「世界」のイメージです。多くの都市がこうした形に設計されていますが、中心に王城や教会を建て、その周囲に放射状に街が広がっていて、そこに「世界」ができあがっているわけです。この「世界」の全体性もまた、人に「あらかじめ決められている力、しくみ」を連想させます。

仏教のマンダラもこの「車輪」の構造を持っていますし、星占いに用いるホロスコープも、車輪のイメージにごく近い描かれ方をします。輪廻転生、「因果は回る糸車」のように、運命や命が世界を循環していくイメージを、車輪が象徴しているのです。

円 *Circle*

完全さ　無限　絶対

永遠　充実

連続性

場

円は非常に古くから、世界各国に存在するシンボルです。完全な円を自然界の中に見いだすのは困難ですが、ひとたび空を見上げれば、太陽や月の姿に、ゆがみのない円を見いだすことができます。円は始まりがなく、終わりがなく、天に存在し、そのために、完全さや無限、絶対的なもの、天空等を象徴してきました。

盆踊りなどでは輪になって踊りますし、土俵のように特別な場所を円形につくることもあります。こうした場合、円は「聖なる場」を意味しています。

禅の世界でも、円は重要なシンボルです。悟り、無、空といった、仏教の根幹とも言える重要な概念が、一筆に描いた円で表現されるのです。

仏教の世界では、完全さや仏性を満月に喩えることがありますが、これも一つの「円」です。

螺旋・渦巻

Spiral

迷宮　運命　生命のエネルギー

異世界への通路　死と再生

遺伝　パラレル・ワールド　時間

螺旋は、周回する円と、不可逆な進行方向からできています。くるくると繰り返されることがある一方で、決して元の場所には戻らないという、二つの時間の位相を象徴しているように思われます。各点で進む方向と、全体を見渡したときに進んでいる方向とが一致しないため、迷路や迷宮といったイメージが生まれますが、それは同時に、進む者にとっては迷路でも、巨視的に見ればまっすぐな迷いのない移動として捉えられます。

遺伝子の二重螺旋構造からの連想で、「世代を超えて受け継がれていくもの」が示されることもあるでしょう。あるいは、ドラマや映画などで「異世界」や「過去」に移動する際、しばしばその通路のイメージに、螺旋が用いられます。

私たちの人生は決して直線的なものではなく、時に堂々巡りを繰り返しているように思われる局面もあるわけですが、螺旋を進むように、実際はちゃんと、すこしずつでも前進を遂げているということを、夢の中の螺旋は教えてくれているのかもしれません。

階段

Stair

上昇／下降
プロセス
成長　向上
階級
人生の段階

階段を上っていく夢は、山を登っていく夢にも似て、何らかの意味で「別の段階に至ろうとしている」時に表れることが多いようです。高さは向上心であり、低さは未熟さかもしれませんが、同時に、高すぎる場合は「地面から離れる危険」を、低い場所は「現実、あるべき場所」を、それぞれ、示していることもあります。

高い場所は天に近く、つまり神様の世界に近い場所、ということになります。そうした場所に近づくことは、栄光を得ることにもつながりますが、同時に、触れてはならないものに触れるかもしれない危険を伴います。神域に「触れる」ことで神の怒りを買う、という伝説はたくさんあるわけですが、階段の夢においてはその高さや景色、置かれた状態などが、重要な意味を持っているはずです。

さらに、人生を段階的に捉えた場合、自分が今どの辺りにいるのか、といったようなイメージが、階段によって描かれることもあるかもしれません。

窓 Window

光の入り口
風の入り口
知恵や僥倖、情報などの入り口
外界との交流
閉ざされた空間における「出口」
心の「覗き穴」
目

窓は閉ざされた空間にひらく、空気や光の取り込み口です。同時に、外から中の様子を覗き込むこともできます。外の世界と中の世界のあいだに交流をもたらすのが、窓です。知恵や情報、幸運などは窓から入ってきますし、胸の中にあるものや声が窓から外に出て行くこともあるでしょう。窓の様子に、自分と外の世界の関わりのありさまが読み取れることもあるかもしれません。

第二章
夢のおはなし

夢からのメッセージ

眠りにつくと、私たちは夢を見ます。

あまり夢を見ない、という人もいますが、これは「夢を見ていない」のではなく、見た夢を覚えていないだけなのだそうです。

朝、とても忘れがたい印象的な夢を見た！という余韻の中で目覚めたのに、起き出してしばらくするとその夢のことがどうしても思い出せなかったりします。印象が消えてしまう前に夢を掴まえるには、枕元にノートを置いて、朝起き抜けに、逃げ出そうとする小鳥を捕まえるように、急いで書き付けなければならないのです。

実は、目覚めているときにも、私たちは夢を見ている、という説もあります。昼間でも、星々は空に輝いています。ですが、その輝きは太陽の光にかき消されて、見ることはできません。これと同じように、夢もまた「意識」という太陽が輝く時間には見ることができないけれど、意識が眠る夜には、きらきらと輝き出すのだ、というわけです。


夢とは、一体、何なのでしょうか。

私たち自身の頭の中で創られる物語であるはずなのに、夢は私たちを驚かせたり怖がらせたりします。ずっと悩んでいた問題の答えを夢の中に見いだしたり、夢にヒントを得て芸術作品を生み出したりする人もいるそうです。

古い伝説や物語、聖書の中にも、夢にまつわるエピソードは多く登場します。

そこに登場する夢は必ず、現実に起こっていることについての警告や吉兆を報せる「メッセージ」として描かれています。


源頼朝の正妻、北条政子は、歴史上とても有名な女性です。頼朝が死んだ後も幼い将軍の後見として実権を握り、「尼将軍」と呼ばれたほどの女傑です。

彼女がまだ頼朝と出会う前、彼女の妹が不思議な夢を見た話をしました。それは「太陽と月を袂《たもと》に入れる」という夢でした。

この話を聞いて、政子は「それは不吉な夢です、私が買ってあげるから、売りなさい」と言いました。小袖一枚と引き替えに、政子は妹からこの夢を買い、そのおかげで、彼女は頼朝と恋に落ち、将軍の御台所となることが叶ったのだそうです。


この話が事実どうかは無論わかりませんが、「夢を買って、幸運を得る」という話は、日本の他の民話にも登場します。夢には、ありふれた雑多な夢と、そうではない、神意のこもった特別な夢があって、その特別な夢を「手に入れ」れば、大きな幸運が手に入る、という発想は奇想天外です。でも、ちょっとやってみたいな、という気もします。もちろん、政子のようにハッキリその夢の「吉兆」がわかった上で、妹を騙してまで買うほどの確信がなければ危険でしょう。解釈を誤って「凶夢」を買ってしまったら大変です！

夢は本当にそんなふうに、私たちにもたらされる、神様や未知の世界からのメッセージなのでしょうか。

著書『夢判断』で有名なフロイト、その弟子だったユングなどの研究により、私たちにとっての「夢」は、予言や占いといった世界以外に、別な視線をむけられるようになりました。

人間の心には「意識」の他に「無意識」の領域があり、眠っている間は「無意識」が表に現れて人間に夢を見せます。この夢を分析することで、ふだんは心の奥に押さえつけられたり隠されたりしている願望や葛藤を知ることができます。ただ、夢は意識のようにストレートな「言葉」を使わないため、その内容は一見、荒唐無稽です。夢の中で私たちはいろいろなものに感情や意味を象徴させ、その象徴同士に物語を紡がせて、今の自分の中に起こっている出来事を表現しようとするのです。……「夢の分析」は、大まかに言ってこのような理論です（非常に大雑把な説明ですが）。

こう考えてしまうと、古来、人々が愛してきた「夢占い」が、なんだか輝きを失ってしまうようにも思えます。でも、それが「自分の無意識の表出」であろうと、「神様や妖精からの伝言」であろうと、私たちはとにかく、印象的な夢を見て「なぜあんな夢を見たのだろう？」と自問します。この疑問はごく幼い頃から、誰に教えられたわけでもなく、胸に湧いてきます。

この「なぜ？」という問いは、恋に落ちたり、大切な人を亡くしたりしたときの「なぜ？」に似ています。「なぜあの人に出会ったのだろう？」「なぜお父さんは死んでしまったのだろう？」と、私たちは考えます。この問いには、正確な解答は存在しません。死の原因となった病気のメカニズムを説明されても、「父の死」への「なぜ？」は、解決できません。

この「なぜ？」には、意味はないのでしょうか。

確かに、この「なぜ」に答えなくとも、食べて、寝て、働いて、生きていくことはできるかもしれません。

でも、人の心は、この「なぜ」の着地点を探さないと、満たされた気持ちにはなれない生き物なのだと思うのです。

同じ「なぜ恋人と別れなければならなかったのだろう」という問いでも、答えは人によって違います。クリスチャンなら「神様の思し召しだ」と考えるかもしれませんし、「次の人に出会うための別れだったのだ」とか「私のこういう問題点があったからだ」とか、それぞれの心がさまざまな答えにたどり着きます。自分なりに納得のゆく答えにたどり着くまで、人は何年も何年もこの「なぜ」につきまとわれてしまうこともあります。

ある人が以前、「自分の気持ちが成仏する」という表現をしていたことがあります。これを聞いて、私は、なるほど！と膝を打ちました。心に生まれた「なぜ？」が、「正解」によって解決するのではなく、ただそのたどり着く場所を見つける、という感じが「成仏」という言葉によくあらわれているような気がしたのです。

人生の上で深刻な出来事が起こったときの「なぜ？」ほどには強烈ではないにせよ、「なぜあんな夢を見たのだろう？」という疑問も、私たちが誰に教わったわけでもなくごく幼い頃から、直観的に思いつく疑問です。

以下の章では、そんな、人間が夢見ること、そして見た夢の不思議さへの「なぜ？」について、ふわふわと考えてみたいと思います。

カラスの夢

朝、目が覚めて、夢の印象が強く心に残っていると、私たちは夢を反芻しながら「この夢はどういう意味だろう？」と考えます。

この「どういう意味」はたいてい、「凶兆か？ 吉兆か？」という問いに結びついていきます。非常に古い時代から、人間の心には「夢は未来の吉凶を占うメッセージに違いない」という観念が棲み着いています。

いわゆる「夢占い」です。


夢占いに関する記録は、紀元前二〇〇〇年にまでさかのぼれるそうです。紀元前五世紀の『夢の鍵』という書物には「もし夢で熊の肉を喰っていたら、叛逆。猿の肉を喰っていたら力ずくの獲得」などという占いが記されています。

ある夢占いの文献には「カラスに囲まれる夢を見ると、死に至る」とあります。たしかに、カラスの夢は恐ろしく思えます。

実は、私自身、印象的なカラスの夢を見たことがあります。もう五年以上前なのですが、夢はこんな具合でした。

「大きなリュックサックに、スーパーの安売りで買ったたくさんの商品を詰めて、店の前の横断歩道を渡る。だが、どうにか渡りきったところで転んでしまい、リュックサックの紐が絡んで、後ろ手に縛られたような状態で倒れる。そこにカラスが飛んできて、私やリュックサックをつつく」

と言えそうです。

五年経っても私はぴんぴんして生きていますので、「死に至る夢」という占いはどうやら「ハズレ」

ただ、今にして思えば、あの頃は、あまり自分のことがわかっていない時期だったな、と思えます。自分では背負えないような重すぎる責任を背負おうとしていて、それに押しつぶされそうな気持ちなのに、自分でもそんな気持ちに気づかないふりをしていたのです。この「重すぎる責任」からは、運良く、その夢の直後に解放されましたが、カラスたちが夢の中で教えてくれていたことは、正しかったような気がします。

いったい、カラスの夢は「凶夢」なのでしょうか。

実は、カラスの夢にはもっと違ったおもしろいバリエーションがあります。

以前、私のWebサイトに、以下のような書き込みがありました。

「人間のような目をしたでーっかいカラスが、窓からムリヤリ入って来て、私の生理用品の入ったポーチを巣作りのために何度も盗んで行くという夢を見た」

これを読んで、私は
「カラスは、太陽を象徴するといわれます、太陽は父なるものであり、生理用品は『月経』で月、女性性に繋がりますから、なんだか結婚の夢のようですね」
とお応えしました。
すると、しばらくしてその方から、「妊娠していました！」という書き込みがあったのです。これには驚きました。

真っ黒なカラスが、輝く太陽と結びつけられるなんて、なんだか奇妙です。なぜカラスと太陽が結びつけられたのか、というと、その理屈は「カラスが黒いのは太陽に近づきすぎて焦げたからだ」というのです。なるほど、一理あります。また、朝夕にカラスが太陽に向かって飛んでいくように見えることがあり、そこからカラスと太陽が結びつけられたのだ、という説もあります。さらに不思議な説として、太陽の「黒点」が、カラスと見間違えられたのでは、という仮説もあるそうです。フィルタを通して、望遠鏡で見なければ捉えることができない黒点を、古代の人が知っていたというのは、少々おかしな話なのですが、事実、古代の人々は不思議なやり方で、天体現象を精密に捉えていた足跡があちこちに残っています。

理由はさておき、そんなふうに、カラスは、太陽からの使者なのです。

ギリシャ神話では、カラスは太陽神アポロンの使者とされていますし、日本の神話でも、八咫烏《やたがらす》は太陽の化身です。

星占いでは古くから、太陽は「父なるもの、夫」の象徴です。さらに、心理的には自意識だとか、意志決定などを象徴するもの、とも考えますが、いわば家や社会、一個の人格の中における、父性とか大黒柱、王者といったものを象徴するのが太陽なのです。太陽は私たちが生活する世界において、もっとも輝かしいものであり、それがないと私たちはものを見ることさえ叶わないわけですから、父性＝太陽の図式は、しっくりきます。

その太陽の化身であるカラスもまた、父性的なものや意志決定、男性性などを象徴すると考えられるわけです。

このように「カラスの夢なら常に○○を意味する！」ということではなく、あくまで夢全体の文脈の中で、「カラス」という象徴を読みとる必要があります。

象徴とは「連想」から生まれた、私たちが世界を認識する上で常に用いている手段です。たとえば、ごく身近なものとしては、校章や社章、家紋などがあります。これらは私たちが帰属する集団やルーツを象徴しています。私たちは「象徴」を、それが象徴する対象とほとんど同じものとして扱います。もし、社章や校章を他人に踏まれたり壊されたりしたら、怒りを感じます。イエスキリストの象徴である十字架を模したロザリオを「踏め」と言われたら、クリスチャンでなくとも、ちょっとした抵抗を感じると思います。論理的には、それらは単なる金属や木片であり、物質に過ぎないのですが、私たちの心は、あるものと別のものを、類似点や物語などで結びつけ、それらを同等のものとして扱うのです。これが「象徴」です。

精神分析や臨床心理学の世界では、夢は基本的に、そうした「象徴」によって成り立っている、と考えられています。

象徴は、たとえば「月＝女性、母なるもの、処女性、変容、ｅｔｃ」などのように、ある程度普遍的なものもありますが、一方で非常に個人的なものもあります。たとえば、上記の夢のように、「生理用品を盗まれる＝妊娠する」というのも、一つの象徴的な表現と言えるでしょう。とはいえ、かなり直接的ですが！

象徴は、辞書で引く「言葉の意味」のように定まっているわけではありません。人の心に自然に生起する、感覚や感情に似たものであり、論理的な説明がつくわけではありません。

人間は非常に古い時代から、世界を「類似」によって解釈しようとしてきました。月は「膨らむ」ことから、乳房や女性のお腹に擬えられ、やがて母性の象徴となりました。火星は真っ赤に燃える炎のように見えるため、情熱、怒り、闘いなどと結びつけられました。「細く長く生きる」の意味で年越しそばを食べたりするのも、一種の象徴的行動と言えます。

夢の中の象徴は、とても個人的な連想や記憶でできていることも大いにありますが、その一方で「カラス＝太陽＝父なるもの」のように、個人的な記憶を越えた、普遍的なものもあるようです。そのため、普遍的な夢の象徴を読み解く手掛かりとして、人間の心がたゆみなく紡ぎ続けてきた古い神話や伝説、言い伝えなどの研究が熱心に行われています。

お腹に赤ちゃんがいる、ということを、夢で見た方は、無意識の中で「知って」いたのでしょうか。それとも、これはどこからか送られてきた「予言」なのでしょうか。それは誰にもわかりません。

この夢を読み解くことが「占い」なのか、心理分析なのか、定かではないのですが、私たちはもしかするとけっこう、そんな意味深な夢を見ているのかもしれません。

読み解いた夢の予言

私は日ごろ、主に星占いの記事を多く書いているのですが、「星で占えるなら夢も占えるだろう」とお思いになる方もけっこういらっしゃって、「こんな夢を見たのですが、どういう意味でしょうか？」というご質問をたまに、頂きます。

夢を見て「どういう意味だろう？」と思い、それを誰かに解釈してもらう、という行為は、古来一般的なことのようです。

聖書にも、夢の話がたくさん出てきますが、それらは予言者たちによって解釈され、メッセージとして人に伝わります。

R.カイヨワの『妖精物語からSFへ』（三好郁朗／訳　サンリオSF文庫）という本に、こんな夢解釈の話が紹介されています。

ある女性が、ラビ（律師）のエリエゼルを訪ね、こう尋ねました。「夢で、家の屋根裏部屋に裂け目ができるのを見ました」。ラビは「おまえは男の子を授かるだろう」と答えました。女性は家に戻り、その通りのことが起こりました。

女性はもう一度同じ夢を見たので、またラビのエリエゼルを訪ねて同じ質問をすると、ラビは同じ解釈を与え、女性はまた男の子を産みました。

女性はさらに三度目の同じ夢を見て、再度、ラビの所に出向くと、でかけていて留守でした。そこで、ラビの弟子たちに夢の話をしました。

弟子たちは「家の屋根裏部屋に裂け目ができた」という夢について、こう答えました。「おまえは夫を埋葬するだろう」。女性が家に帰ると、その通りのことが起こりました。

ラビが帰ってくると、女性は泣いて事の顛末を訴えました。ラビはおどろいて、弟子たちに事情をききました。弟子たちがやったことを知り、彼は叫びました。

「おろかな者たちよ、おまえたちがあの男を殺したのだ。『その人がわれわれに解き明かした通りになった（創世記、四三・一三）』と、聖書にもあるではないか」


大変興味深い話です。

全く同じ夢を三回見て、最初の二回には同じ解釈が与えられ、そのとおり、同じことが起こりました。しかし三度目に同じ夢を見たとき、違った相手から別の解釈が与えられ、そこでもやはり、解釈通りのことが起こりました。ラビのエリエゼルは「解き明かした通りになった」と言いました。

どんな解釈でも、他人が解釈を与えれば、その通りのことが起こるのでしょうか。

この「屋根裏部屋の夢」の内容を、ためしに、素人なりにちょっと解釈してみたいと思います。

屋根裏部屋というのは、家の一番高いところにあります。もっとも「天」と近い場所です。G.バシュラールの『空間の詩学』（岩村行雄／訳　筑摩書房）には、ユングの一文を引いて「屋根裏部屋では昼の経験がいつも夜の恐怖をけしさることができる。地下室には昼も夜も闇がとどまっている」とあります。

家のイメージは、地下室のように低く暗い、閉ざされた場所から、一番高く太陽に近い屋根へと垂直に起ちあがっています。つまり、相対的に屋根裏部屋はもっとも明るい場所であり「昼間の象徴」となります。屋根裏部屋は同時に、常には入ることがない、隠れた狭い場所でもあります。このイメージは、「子宮」の狭さと見なすことができます。子どもはよく、狭い屋根裏部屋でかくれんぼすることを好みます。屋根が裂け、高い天から狭い場所になにかが「入ってくる」と考えると、子どもを授かるという解釈が納得できます。

一方、後者の解釈についてはどうでしょうか。

「屋根」について、バシュラールはこんなふうに書いています。「屋根はただちに自分の存在理由をかたる。それは雨や太陽をこわがる人間をまもるのだ」

自分をまもってくれるはずのものが「裂ける」。即ち、彼女をまもる存在である夫がうしなわれる、という解釈も、確かに成り立ちそうです。また、家というものの天に近い裂け目から、なにかが入ってくるのではなく「出て行く」と想像することもできます。

これらはあくまで私の「連想」です。このように、象徴はいかようにも解釈しうるもの、と言えるかもしれません。

しかしその解釈によって、「未来」も変わるものなのでしょうか。

さらに、もう一つ気になる点もあります。それは、三度目に限ってどうして、ラビは「不在」だったのだろう、ということです。

ラビが不在で、弟子たちが解釈をする、ということまでが、一つの大きな「物語」だったのでしょうか。それとも、弟子たちには、他の解釈を出す余地があったのでしょうか。ラビが彼らを叱りつけているのをみれば、少なくともエリエゼルは「吉兆の解釈をする余地はあった」と考えているのでしょう。


私が小中学生の頃、「夢を見た」話は、とても身近な話題でした。毎日のように誰かが「こんな夢を見た」と言っては盛り上がっていた記憶があります。

小学三年生の頃、私のクラスではみんながこんなことを信じていました。

「悪い夢や怖い夢は、人に話すことでその凶意が消える」

子供の頃から、誰にも教えられなくとも、こんなことが話題に上るわけですから、どうやら、人間はなんとなく「夢は、取り扱い方によって、幸運を呼ぶこともあれば不運を呼ぶこともある」と直観しているようです。

この「取り扱い方」というのは、すなわち「他者に自分の夢を語り、夢を共有する」ということです。

誰かに解釈してもらう、誰かに話す。このことが、夢のメッセージが告げる前兆の意味を変えてくれるのでしょうか。

ユングは自分の夢を分析することの難しさについて、こう答えています。「ええ、私も自分の夢となると、素人同然です」

夢は、自分の意識よりも優越した部分である無意識から送られてくるため、これを劣った意識で解釈しようとするのは非常に困難だ、というのです。

もし、ユングの言うとおり、夢が人の隠された問題や間違った部分を指摘してくれる警告者、指導者としての役割を果たすのだとすれば、それは「良薬口に苦し」の言葉通り、内容自体が受け入れがたいものである場合も多いはずです。私たちは夢に叱られたり嗤われたりしているかもしれないのですから、「聞きたくない」「解りたくない」という心理が働いて当然です。

その点、第三者は、そうした心理とは無関係です。他人が見た夢が語る警告について「受け入れがたい」という反応は起こりません。ならば、「第三者に夢を語る」ことには、たしかに意味がありそうです。

最初にご紹介した「ラビの夢の解釈」のお話と、この、ユングの夢分析の主張は、奥深いところで、地下茎でつながっているような気がします。

「大きな夢」と「小さな夢」

アフリカのある種族では、首長や宗教的に重要な人物が見た夢を「大きい夢」として、普通の人の夢とは区別していたそうです。「大きい夢」は種族全体に影響を及ぼすもので、とても重要視されていました。

しかし、この地をイギリス人が支配し始めた頃から、首長たちは「意味のある夢」を見なくなりました。イギリス人たちが酋長の権限を取り上げてしまった頃から、そうなったというのです。

夢が、単に個人のものにとどまらず、その人の所属する社会全体に影響を及ぼすことがある、という考えは、この種族に限ったものではありません。

そういえば、私たちのまわりにも時々、遠く離れた場所の大きな災害のことを「夢に見た！」と主張する人を見かけます。私たちはそんなふうに、自分個人に関係のないことも、夢で感知してしまうことができるのでしょうか。

失恋したあと、その相手と楽しくデートしている夢を見たり、試験勉強のさなかに合格や不合格の夢を見たりしても、私たちはそれを「不思議だ！」とは感じません。目覚めて「ああ、未練だなあ」とがっかりしたり、合格の夢が覚めて「正夢だったらいいのに！」と思ったりしますが、「なぜそんな夢を見たのだろう?」とは思いません。

何かしら思い詰めたことがあって、それを夢に見るとき、私たちは「さもありなん」と感じます。「思い詰めていたから、自分に都合のいい夢を見たのだ」「不安だったから、それが的中するような夢を見たのだ」と、なんとなく納得してしまいます。

このような「不思議だとは感じない夢」は、前述の「大きな夢」に比して「小さな夢」と呼べるかもしれません。「ワケのわかった夢」です。

非常にショッキングな出来事が起こったとき、そのシーンをくり返し夢に見ることがあります。東日本大震災の時、遺体安置所で仕事をした女性が、少しあとになって、こんな夢を見たそうです。
「知らない女の人に誘われて地下室のようなところに行くと、床に男女のマネキンが転がっていて、その人がこう言うの。『これは流されてしまった私の父と母なんです』って。私はどうしていいかわからずにうろうろしていると、いつの間にか目が覚める……」(『遺体』石井光太/著　新潮社)
あまりにも大きなショックを受けると、人はそれをどう受け止めていいかわからず、長いことそのショックに苛まれます。思い出したくないはずなのに、夢にそのショッキングなシーンが蘇るのは、いったい、どうしてなのでしょうか。

人がなぜ夢を見るのか、その理由は、まだ解明されていません。

ですが、この女性の夢には、不思議な説得力があります。

「この夢を見た女性がなんとかして、受け止めがたい現実を受け止めようとしている」ことがなんとなく、伝わってくるのです。

特に、遺体が遺体のままではなく「マネキン」の姿になって現れるのが印象的です。生身の死体より受け止めやすい、冷たい人形の身体になって「死」が現れてくる様子に、膨大な苦しみやショックを、何とかして心のあるべき場所におさめ、生きていく軌道を取り戻そうと模索している姿が、映し出されている気がするのです。

これはもちろん、私がそのように感じただけのことです。

でも、もし「大きな夢をシェアする」ようなことが可能なのだとすれば、彼女が体験した、私たちすべてにとって「大きな出来事」の一端が、彼女の夢を通して垣間見えたとしても、おかしくはないと思うのです。


「夢占い」を試みるとき、ほとんどの人は「夢は自分の未来を予言している」と考えています。

書店に売っている「夢占い」の本を手にとってぱらぱらとめくると、そこには「近々願いが叶う」とか「チャンスが訪れる」とか、未来のことがたくさん書かれています。

でも、受験の夢や失恋後の楽しいデートの夢のように、あるいはマネキンの夢のように、夢はまさに「今現在、その人に起こっていること」を語っているのではないでしょうか。その人の内側に外側に脈々と流れる変化の川の中の「現在地」を、いかにもビビッドに示してくれているのです。

例えば、星占いで用いるホロスコープには「現在の星の位置」が記されます。この、「現在の星の位置」から、近い過去や未来を読み取ろうとするのです。

夢もまた「過去からの物語を背負って、その人に今現在起こっていることを映しだして、さらに、このまままっすぐ進むとどうなるかを暗示している」ような構造になっているのかもしれません。

ユングの『無意識の心理』（高橋義孝／訳　人文書院）という本に、こんな夢が紹介されています。

「橋のない小川をなんとか渡ろうとしているのだが、渡りきる前に、川の中から蟹が出てきて自分の足を掴んでしまう。蟹は自分を放そうとしない」

この夢を見た女性は、一人の友人と依存的な関係で強く結びついてしまっていて、どうしても自立できないような状態に置かれていました。彼女は「川を渡る」つまり、友人との結びつきから逃れたいのですが、「蟹」が足に絡みついて、逃れることができません。

この「蟹」は、一体何なのでしょうか。

ユングは彼女に、「蟹」から何を連想するか、質問します。彼女は「英語で蟹（Cancer）は、ガンと同一語、つまり不治の病」、「蟹はあとじさりする動物」「気味が悪い」「夢の中で、自分を水中へ引きずり込もうとした」などと答えます。

ユングはさらに彼女から、連想やバックグラウンドとなっている彼女自身の体験を引き出し、この「蟹」が実は、彼女の母であり、彼女が密かに否定している自分自身の影の姿であり、彼女の内なるものなのだ、と結論します。

星占いの目から見て、「蟹」が出てくる夢は興味深く思われます。星占いの世界には「蟹座」という星座があるからです。蟹座は、母なるもの、感情の強い結びつき、女性性などを象徴しています。この夢に出てくる「蟹」はどこかネガティブなイメージを持っていますが、蟹座の世界にはもっと美しいものもたくさん住んでいます（私自身、蟹座です！）。

星占いのように、ある意味普遍的な象徴の体系の中の「蟹のイメージ」と、前述の女性の夢に現れた、ごく個人的なはずの「蟹のイメージ」が、なぜかぴったり重なり合ってしまうのが、「象徴」というものの大変面白いところです。

象徴は連想であり、類似であり、そのひろがりです。

これは、人間の心が世界を取り扱う方法なのです。

私たちは「心」という言葉を頻繁に使います。

でも、「心」を目で見ることはできません。ある人は心を示すのに胸を押さえ、ある人は「心というのはつまるところ、脳の働きである」と結論します。どれが正しいのか、私などには解らないわけですが、私たちは夢を通して「自分の心の中」を見渡しているのかもしれません。

虫の夢

以前、ある編集者の男性が、こんな話をしてくれました。

「すごく悩んでいるとき、虫が出てくる変な夢を見るんです。それは自分のなかのストレスや悩んでいることがかたちを変えて、虫になったんだろうなと思ったりするんですが、解決するとその夢を見なくなるんです」

この方は、自分で「自分のストレスが虫になって表れたのだろう」と解釈しています。この方にとって虫がどんな存在なのかは解らないのですが、もし、昆虫マニアのような「虫が大好き！」な人であったならば、こんな夢は見ないかもしれません。

この夢のお話を聞いて、私は「バグがつぶれたということかもしれませんね」と答えました。

私は以前、コンピュータ関係の会社で、ほんの少しだけプログラマーとして働いていたことがあります。プログラムの中に潜んでいるミスを「バグ（虫）」と呼ぶのですが、それを連想したのです。

ほとんどのプログラムには何らかのミスがあります。プログラムを書き、それを実行し、動作確認をして問題を発見し、もう一度プログラムを見直してミスを見つける。この一連の作業を「デバッグ（de-bug：虫を取りのぞく）」と言います。虫はなかなか「ゼロ」にならないため、プログラマーは休日出勤や徹夜を余儀なくされることもあるわけです。

こうした経験があったため、「解決しがたい問題が起こっているとき、虫が現れる」ということは、私にはすんなり納得できたのでした。

「虫」がやっかいなのは、その姿が見えないところにあります。どこにあるのかすぐ解ったり、動かずにじっとしてくれていたりすればいいのですが、虫はちょろちょろ動いたり、見つかりにくいところに隠れていたりします。全部捕まえたと思っても、まだ数匹、どこかに潜んでいたりします。このやっかいさ、不可解さが「恐ろしさ」に結びつくこともあります。

旧約聖書には、神がエジプトを罰するために、イナゴの大群を発生させたと記されています。小さな黒い生き物の大群が農作物を食い尽くす、というイメージは、猛獣などの「恐さ」とはべつな、「ひとつひとつは小さいのだけれども、だからこそ全てを解決することは不可能」という、無言かつ無限の問題の恐ろしさを象徴しているように思えます。

この方は、自分の夢を「未来を予言するもの」ではなく「今現在の自分を映し出しているもの」と捉えました。今現在起こっている問題、それが夢の中で虫の姿をとって現れたわけです。

「今現在の自分を表している夢」は、おそらくとてもたくさんの人が見ていると思います。

その代表が「トイレが見つからない夢」とか「トイレがあるのに何らかの事情で使えない夢」などです。この夢はおそらく、誰でも一度くらいは見たことがあるのではないでしょうか。

他にも、首を絞められて殺されそうになる夢を見てはっと目がさめたら、猫が首の所に乗っかっていたとか、救急車がやってくる夢を見ている最中に目覚めたら、盛大に目覚まし時計が鳴っていたとか、そんな夢はとても日常的です。


古い中国の夢占いには、こんなものがあります。

「肝臓に気が盛んなときは、怒っている夢を見る。

肺に気が盛んなときは、激しく泣いたり、空を飛んだりする夢を見る。

心臓に気が盛んなときは、よく笑う夢を見る。

脾臓が盛んならば、歌を歌ったり、身体が重くて立てなかったりする夢を見る……」

これは、占いというより、健康診断のようです。

中国では古くから、夢には色々な種類があると考えられてきました。中でも、身体の状態が夢に現れる、という考えは「五行思想」と結びつき、広く受け入れられていました。

科学的に実験・立証されているわけではありませんが、身体の中の状態が喜怒哀楽や空を飛ぶ夢に現れるという考えは、興味深く思えます。


「肝臓に元気がないときは花や草が盛んに生い茂る夢を見るし、肝臓に力が満ちていれば山林が繁茂する夢を見る」

「肺に病があるときは、金や鉄の奇物を夢に見る」

「脾臓に病を得れば、風雨に家屋が壊れる夢を見る」

などなど、非常に詳細な例がたくさんあります。

これらはすべて、身体の中におこる症状が、五行思想（木・火・土・金・水の五要素を元にした世界観）に沿った連想で説明されます。たとえば、「脾臓」ならば、こんな具合です。

「……寒さや湿気が脾臓を疲れさせ、あるいは蒸し暑さが脾臓を損ない、体中に水分が滲みこんだような強い湿感があり、胃のつかえるような感じを受ける。この症状は、まるで大湿原に臨んで湿気がいよいよ増し、家が壊れて風雨を遮ることが出来ず、湿気が迫ってくるかのような感じを人に与える。……」（『中国の夢判断』劉文英／著　湯浅邦弘／訳　東方書店）

以下は、ユングの『人間と象徴』（河合隼雄／訳　河出書房新社）に紹介されているエピソードです。

ある八歳の少女が、とても不思議な夢を見ました。その夢は彼女の心に強い印象を残し、十歳の時、彼女は夢の記憶を絵に描いて、精神科医である父親にクリスマス・プレゼントとして手渡しました。

彼女の絵はシリーズのように複数の夢からできており、そのひとつひとつが大変奇妙で、不気味でもありました。たとえば、「一滴の水が、顕微鏡で見ているように見える。少女は、その一滴の水に木の枝が詰まっているのを見る。このことは世界の起源を示しているものである」

「月面に砂漠があって、そこではこの少女はあまりにも深く土の中に沈んでいったので、とうとう地獄に達してしまう」

「蚊の群れが太陽をかげらせ、月をかげらせ、ひとつだけを残してすべての星をかげらせてしまう。その残ったひとつの星が夢を見ている少女の上に落ちてくる」……

これらの絵に添えられた文章は、すべて、古いおとぎばなしの始まりにある「むかしむかし……」という書き出しではじまっていました。彼女はこれらの夢を、おもしろいおとぎばなしのように感じ、これを絵本にしてお父さんにプレゼントしようと考えたわけです。

彼女は、このクリスマスの一年後に、伝染病で亡くなりました。

「世界の起源」「月」「星々」などなど、少女の生活や知識の範囲から考えて、不思議なほどにスケールの大きい、神秘的な夢の数々です。これらの夢には、宗教的な象徴とおぼしき要素も数多く含まれていましたが、彼女自身はほとんど詳しい宗教教育などに触れてはおらず、彼女の知識や個人的記憶からこの夢が生まれたとは考えにくい、とユングは言います。

「これらの夢は生命と死についての新しい、そして、むしろ恐ろしい面を明らかにしている。このようなイメージは、普通、未来を望んでいる子どもによって与えられるよりは、むしろ、自分の生涯をふりかえっている老人において見いだされる……」

幼い命が死に近づいたとき、彼女は老人と同じように、死と再生の秘密に触れたのでしょうか。

一人の人間の人生の意味や価値は、生きた年月の長さだけでは、捉えられないものなのかもしれません。

これほど壮大な夢でなくとも、私たちの夢はひょっとすると、かなり「身体」に直結しているもののようです。

私たちはとかく、「頭」と「心」と「身体」を切り離して考えがちですが、そもそも、身体の情報はみんな頭に集まって、そこで統合・オペレーションされているわけですから、夢に身体の状態が比喩のように現れてくるという考え方には「なるほど」と思わされるものがあります。

こわい夢を見たときは「何か悪いことが起こるのかしら!」と、「予兆」として考えてしまう人も少なくありませんが、その前に「最近、身体の調子はどうかな?」と自分の五感に問いかけてみるのもいいかもしれません。「そういえばちょっと疲れているかな」とか「最近あまり食欲がないぞ」と気づいたなら、夢が貴方に「そろそろ一休みしたほうがいいよ!」と、語りかけてくれているのかもしれません。

「感情」や「五感」について、最近私たちはとみに鈍感になっている気がするのです。心が身体に追い着かなかったり、身体が心に置いてきぼりにされたり、ということがあるのではないでしょうか。

そんな、心身の分離状態を、夢がそっと引き戻してくれるのだとすれば、悪夢もそれほど「悪」ではないようです。

夢の分類

「……夢の解釈のできあいの解説書を信用するのは、まったくばかげたことである。夢の象徴は、それを見た当人から切り離すことはできないし、どんな夢についても、確定した単純な解釈などはない」(『人間と象徴』)

この稿を書くにあたり、私も自分の見た夢を色々とご紹介しようと思っていたのですが、なかなかそれがうまくいきません。というのも、自分が見た夢をご紹介するのは簡単なのですが、その後ろに潜むものを自分なりに「これかな」と考えると、その解釈がいかにも長大で、個人的で、とてもご紹介しかねるのです。

実は、問題はその説明の「長さ」ではなく、話自体の「恥ずかしさ」です。自分の思い上がりとか誤解、自意識過剰などを、私の夢は非常に直接に指摘してくる感じがして、その物語をお話しするのがためらわれるのです。私の過去の体験や、私の価値観のゆがみなどを説明することなしに、私の見た印象的な夢を解釈することは、どうも、できないような気がします。

先に引用した一冊にも、そんな夢の例が紹介されていました。ある女性が見た夢です。原文だと少々硬いので、ためしに告白ふうに書き換えてみます。

「私は、とても大切な社交の場に出席しました。訪問した家の女主人は私に『ようこそおいでくださいました』と、丁重に出迎えてくれました。『皆様はもうおそろいで、貴方をお待ちしていますよ』。女主人はドアの方に私を導き、その扉を開けました。私がその中に入って行くと、そこは、なんと、牛小屋でした！」

これだけでは何のことかよくわからないのですが、ユングはこの女性が平素、どんな女性であるかを、こんなふうに説明しています。「道理のある論議にたいして頑固に抵抗し、ばかげた偏見を持っているという意味で知れ渡っている婦人」。

この夢は、ユングにとって「一目瞭然」の夢でしたが、彼女はこの夢のポイントを、最初、なかなか受け入れることができませんでした。

立派な社交の場に招かれて、女主人に丁寧に導かれた先が「牛小屋」であったという事実は、彼女を侮辱しているように思えます。彼女自身は、自分が立派な人々に丁寧に扱われ、尊重される価値があると信じていたのに、夢の中で彼女にふさわしいとされたのは「牛小屋」だったわけです。これは大変ショックなことだったはずです。

彼女の現実の姿を説明されなければ、この夢の意味するところはまったく解りません。この夢を見た当の本人も、自分がふだん「頑固で傲慢な」状態になっているとは気づいていないわけですから、この夢を見た直後は、なぜ自分がこんな夢を見たのかさっぱり解らなかったことでしょう。

この夢は彼女の胸に響き、なかなか忘れることができず、深い痛みを残したようです。やがて彼女は「自分で自分に加えた皮肉の意味を認めざるを得なくなり、それを受け入れなければならなかった」のでした。

夢でなくとも、人から自分について「本当のこと」を指摘されたとき、それは非常に受け入れにくいものだと思います。褒め言葉ならいざ知らず、ずばりと欠点を指摘されて、すぐに「ごもっともです、私にはそういう欠点があります」と心から受け入れることができるなら、そもそもそんな困った欠点に支配されるわけもありません。

それでも、彼女は夢からインスピレーションを得て、辛い中にも少しずつ時間をかけて、自分の偏見や傲慢さを恥じ、反省し、多少なりともその態度を変化させることができたのだろうと思います。私たちもまた、自分が見た夢に関して首をかしげながら、実は夢から「一目瞭然」の皮肉を受けとっているのかもしれません。

ユングは、夢をいくつかの種類に分類しています。

（1）補償夢
（2）展望夢・警告夢
（3）反復夢
（4）予知夢

（5）無意識の心理過程の描写（元型夢）

の五つです。

たとえば、前の章でご紹介した「何度も見るマネキンの夢」などは、（3）の反復夢に該当するでしょう。これは、先の震災で遺体安置所で仕事をされた女性が見た夢で「人から遺体を見せられるけれども、そこにはマネキンが転がっている」というようなものでした。

最初の方でご紹介した、カラスと妊娠の夢は（2）の展望夢のようでもあり、また、（5）無意識の心理過程の描写（元型夢）のようでもあります。

これは「人間のような目をした大きなカラスが、窓からムリヤリ入って来て、私の生理用品の入ったポーチを巣作りのために何度も盗んで行く」という夢でした。

この夢には、太陽や「目」といった元型的象徴が刻み込まれており、また「誕生」という人間にとって非常に根源的なテーマが記されています。

あるいは、この夢を見た方自身が、まだそのときには妊娠に気づいていなかったのですから、これは彼女にとっては（4）予知夢と感じられたかもしれません。

このような夢の捉え方を「非科学的だ」として全否定する科学者もたくさんいます。夢分析などは心理的にかえって有害である、という指摘もあります。精神医学の場で、夢分析はある種の「異端」のように捉えられる場合も多いようです。

「夢を見ている」ということ自体、夢を見たその人の報告に頼るしかなく、本当にそんな夢を見たのかどうか証明する術がない、ということも、夢の研究を阻む一因だそうです。確かに、自分の夢は自分だけのもので、客観的に同じ夢を誰かに傍観してもらう、などということはできませんし、アリバイのようにその夢を見たということを証明することもできません。

科学は「検証」という手続きを大切にしますが、夢はたいてい、一度しか見ないものです。反復する夢も全く完全に同じということは少ないでしょう。ですから、再現して検証するということができないのです。

このように、夢はまだまだ、取り扱いの難しいもののようです。

以下は、ある知人のエピソードです。

お兄さんが重い病気にかかり、もう死期が迫っているというときに、彼はくり返しくり返し、お葬式で挨拶する夢を見ました。でも、冷静にきちんと挨拶できたことは一度もなく、夢の中では泣けて泣けて、膝をついてしまうのだ、というのでした。

こうした夢の話は、聞く者の胸を打ちます。

なるほど、そういう夢を見るだろうな、と納得できます。

前述の、ユングの夢の分類でいくならば、この夢は「反復夢」であろうと考えられます。

この人は、大切な家族の死が間近に迫っているという現実が受け止めがたく、ゆえに、こうした夢をくり返し見ることで、なんとかそれを「受け止めよう」と、もがいているのかもしれません。

夢は、脳が記憶を作るための単なるザッピング機能で、夢に見る内容に意味などない、という主張があります。でも、このような夢の話を前にすると、そんな主張は、スカスカに乾いたスポンジのように思えます。

これはもちろん、私の主観でしかありません。

でも、古来多くの人が夢に惹きつけられ、夢の中に何かをもとめてきた、ということも、一つの厳然たる「事実」なのだと思うのです。

夢と記憶の関係

「夢」という文字は、漢和辞典によると「㝱」という文字を省略したもので、略された部分は「人が洞窟の中で横になっている」姿を表しています。

では、この残っている「夢」の部分は何を象徴しているかというと、くさかんむりの部分は睫毛《まつげ》を、「四」のような部分は目を横にした文字、つまり眼そのものを示しているのだそうです。

さらに、下のワ冠に「夕」は、夕方や夜を表すと同時に「目が動く」という意味にも解釈できるそうで、これはつまり、目を閉じた状態で目がぴくぴく動く、レム睡眠の状態を意味しているのではないか、という説があります（『中国の夢判断』）。

そう聞いてからこの字を改めてみると、にわかに「夢」という字が、長い睫毛の影を頬に落として、わずかに眼球を動かして眠り込んでいる様子に見えてきます。漢字というものは、実に生き生きしたイメージを内包しているものです。

「夢」という、不思議な現象を意味する言葉が、その内容の不可思議さや面白さではなく、あくまで「眠っている人」や「目が動いている様子」など、外側から見た状態で表現されているというのも、興味深く思えます。

夢についての考察や占いは古来、たいへんさかんなわけですが、その「ナカミ」にはわかりにくいことがたくさんあって、これを定義することは現代においても、難しいようです。古代の人もそうした客観的・論理的感覚を持っていたからこそ、あくまで眠る人を外側から見た、「客観的な姿」で、「夢」を表現したのかもしれません。

夢に関する研究を色々眺めていると、夢と「記憶」の関係がしばしば、テーマとなっているのがわかります。

私たちは日常的に、前日に見た映画のシーンと酷似した内容の夢を見たりしますから、「夢と記憶には何か深い関係があるのではないか」ということは、体感的にぴんと来ます。

印象的な映画や小説を読んだ際、これが夢に出てくるのは「翌日」と、「七日後」が一番多い、という研究結果があるそうです。翌日、というのはわかりますが、七日後というのはなんだか意外です。さらに、私たちは印象的な映画や小説を見た場合、ほとんど「映画や小説を見ているという夢」は見ません。「映画や小説の中に入り込んでいる夢」のほうが圧倒的に多いだろうと思います。その上、映画や小説と「全く同じ内容がビデオのように再生される」わけではなく、変形されたり、自分が色々な役柄になって自由に動けたり、あるいは、途中から全く別のお話に変わってしまったりします。ですから、もし、七日前に見た映画の影響が色濃く表れた夢を見ても、「ああ、あの映画か」と気づくことは難しいかもしれません。

夢は、記憶や、日々感じている様々な感情や、未来への恐怖、過去への後悔など、様々な要素でできているようです。この「様々な要素」がどんなものなのか、夢を見た直後には、自分でもよくはわかりません。

ですが、夢に出てきた要素についてひとつひとつ、その印象やイメージを噛みしめてみると、意外な記憶が「もと」になっていたことがわかる場合があります。

心理学者の渡部恒夫博士は、自身のWebサイトで自分の夢日記を更新し続けていますが、心理学の授業で、学生にも自分で見た夢をレポートとして提出する課題を出すそうです。このレポートは「年齢、日時、前日のできごと、夢の内容、感想・付記」という形式で出すように求められます。

「夢内容について連想をしていると、前日に実際あったできごとと夢の要素とが関連していることに、気づくことが多い」からなのだそうです。

ある女性から先日、こんな夢の話を聞きました。

「美しい公園の中に、友達の家があった。この公園は、友達の家の庭でもあるようだった。彼は学生時代の友達で、数年前に病気で亡くなっている。

夢の中で、この友達は生きていた。そして、自分と恋愛関係にあった。友達はすでに死の病に瀕していて、あと数ヶ月の命という状態だった。彼は自分を『パートナーだ』と言い、毎日家に訪問するよう頼んだ。自分は快く承諾した。彼の母親に、発作などが出たときの対処法を聞き、後は二人で過ごした。

固く抱き合っていると、窓から庭園が見えた。この庭は、以前彼が元気だった頃には、パンジーなどの花が咲きみだれ、実に華やかだった。しかし、今は季節が秋であり、花はすっかりなくなり、わずかに枯れ木があるだけだった。彼はこれを見て、『庭をもっと整備すればたくさんの人が来て、大丈夫なのに』と言った」


この夢について、彼女はもう少し詳しい話をしてくれました。

まず、彼と彼女は、現実には恋人同士でも「パートナー」でもなかったのです。さらに、夢の中の彼女は、彼が亡くなった後、その場所を離れることになっているようだった、とのことでした。

また、彼女は少し考えて、「あの庭の様子と彼の命とは、あたりまえのように連動している感じだった」と言い、さらに「あっ！」と、小さく、驚いたような声をあげました。

私がびっくりしていると、彼女は「なーんだ」というように笑いました。そして、こう言いました。

「あれは、ヘッセの『シッダールタ』だわ」と。


ヘルマン・ヘッセの『シッダールタ』（岡田朝雄／訳　草思社）は、ちょっと不思議な小説です。

ガウタマ・シッダールタ、すなわち釈迦は、仏教の開祖としてよく知られていますが、ヘッセは釈迦とは別人の「シッダールタ」を主人公に据え、彼が人生に苦しみつつ、悟りにいたるまでの物語を描いたのです。物語の中には「ガウタマ」として、悟りを開いた釈迦とおぼしき人も登場し、シッダールタと出会うシーンもあります。

シッダールタは修行の旅に出て、様々な経験をします。旅の途中で商売に携わって成功し、美しい愛人カマラーを得ます。カマラーは非常に賢く、シッダールタと似た魂を持った女性ですが、シッダールタはやはり、この世俗の成功の世界に満足できず、全てを捨ててまた旅に出てしまいます。

カマラーのもとを離れる直前、シッダールタは傍らに横になった彼女の顔に「秋」を見いだします。「細い線とかすかなしわによって書かれた文字、秋と老いを思わせる文字であった」

私の知人は、夢に出てきた「庭の秋」と、死を待っている友人の姿をじっくり思い出したとき、はたとこのイメージにたどりついたのです。抱き合いながら「秋」を見る、まさにそのままだわ、と彼女は言いました。

実はこの数日前、私はブログに『シッダールタ』の話を書いていました。彼女は私のブログの記事を読んで、学生時代に読んだこの小説をもう一度、引っぱり出して読んでいたのでした。

彼女があの夢を見たのは、小説を読んだその日の夜で、つまりは「前日に起こった出来事」が、この夢の下敷きになっていたわけです。

とはいえ、この夢はどうも、「小説を読んだ記憶がそのまま出てきた」というには意味深です。「庭」や「抱き合う男女」や「秋」など、いくつかの気になる要素がちりばめられています。

次章では、これらの要素の象徴的な意味について、少し考えてみたいと思います。

庭の夢　秋の夢

前章で、私と同年代、つまりいわゆるアラフォーの知人が見た、こんな夢をご紹介しました。

「美しい公園の中に、友達の家があった。この公園は、友達の家の庭でもあるようだった。

夢の中で、彼と自分は恋愛関係にあるようだった。しかし、彼は病気であと数ヶ月の命という状態だった。彼は自分を『パートナーだ』と言い、毎日家に訪問するよう頼んだ。自分は快く承諾した。彼の母親に、発作などが出たときの対処法を聞き、後は二人で過ごした。

ぴったりと抱き合っていると、窓から庭園が見えた。この庭は、以前彼が元気だった頃には、パンジーなどの花が咲きみだれ、実に華やかだった。しかし、今は季節が秋であり、花はすっかりなくなり、わずかに枯れ木があるだけだった。彼はこれを見て、『庭をもっと整備すればたくさんの人が来て、大丈夫なのに』と言った」


この夢に出てくる彼女の「パートナー」は、現実には、学生時代の友人で、数年前に病気で他界していました。

彼女はこの夢について、自分が数日前に読んだ本の影響だ、と自己分析しました。それは、ヘルマン・ヘッセの『シッダールタ』でした。この本にも、主人公の男性と恋人の女性がしっかり抱き合いながら、二人の別れと「人生の秋」を意識するシーンが出てきます。本のその部分についての記憶が、彼女の夢を創り出したのだろう、と言うのです。

しかし、それだけでこの夢の説明がつくでしょうか。

夢を何のために見るのか、という問いについて、科学はいろいろな方面から様々な仮説を立てますが、まだ「これ」と決まった結論はないようです。

でも、私たちは直観的に、「この夢は、自分の心の中のなにごとかが創り出したのだ」と考えます。たとえば「トイレを探す夢を見て目覚めたとき、尿意を催していた」というような経験は、そのことを鮮やかに裏付けているように思えます。

だからといって、どの夢にも「自分の心の中に原因がある」とは言えないかもしれません。でも、私たちは日常的に「どうして自分はそんな夢を見たのだろう？」と、自らの心に問いかけるのです。

そんなとき、手掛かりになるのが「象徴・シンボル」の考え方です。

私たちは日常的に、この手段を自然に用いています。たとえば、鳩は平和と結びつけられています。「草食系」などという言葉が流行りますが、これも、草食動物と現代的な男性の性向を象徴的に表したものと言えます。

象徴は、類似点による「比喩」のように生まれることもありますが、鳩と平和のように、なぜそれらが結びついたのかが容易にわかりにくいものもあります。ちなみに、鳩は実際には、少々凶暴な性質を持つとも言われます（！）。

「平和の象徴である鳩」「キリストと十字架」といったようなシンボリズムは、ある程度は普遍的です。終戦記念のイベントで無数の白い鳩が飛び立ったなら、参加者はみな「平和への祈りを意味しているのだな」とその意味を読み取ることができます。十字架に祈る人の姿をみたら、「この人はクリスチャンなのだな」と思えます。

ですが、象徴にはこうした一般的なもの以外に、非常に個人的なもの、というのもあります。

先日、満開の桜の下をある人と歩いていると、彼女が「桜の花はあまり好きじゃないんです」と言うので、その理由を聞きました。

「春は新しい人が入ってきたり出て行ったりして、環境が変化しますよね、それが苦手なんです。早く落ち着いた環境になってほしいんです。それで、桜が咲くと、ああ、いやだなあ、と思うんです」

つまり、彼女の心の中で、出会いや別れの不安定さが「桜」と結びついていたのです。

ですからもし、彼女の夢の中に桜の花が満開に咲き誇る様子が出てきたとしたら、おそらくそれは、人との関係が変わったり環境が変わったりすることの予感や、それへの不安を象徴している、と読み取れるかもしれません。

このように、夢の中に鳩が出てきたとしても、それが平和を象徴しているのか、それとも、しばしば宗教の物語に登場するハトのように、神の使いのような存在を象徴しているのか、あるいは、その人の子ども時代の鳩にまつわる体験を示しているのか、それは、わかりません。

とはいえ、普遍的な象徴が、夢を読み解く上で大きな手掛かりになる場合も、かなりあるようです。本書の前半では「シンボルのおはなし」として、そうした普遍的イメージを簡単にまとめてみました。

知人の見た夢には、「庭」「パートナー、男女」「秋」など、古来重要な意味を持つ象徴がいくつも出てきます。ゆえに、この夢には、不思議な普遍性が潜んでいる感じがします。

「エデンの園」のお話は、キリスト教徒でなくとも有名です。最初の人間であるアダムとイブが住んだ場所で、「庭園」のイメージを持っています。『図説 世界シンボル事典』（ハンス・ビーダーマン／著　藤代幸一、伊藤直子／訳　八坂書房）で「庭園」を調べると、「庭園は、内的な生命が成長し、養われる場である」「庭園では、四季の移ろいが秩序通りに、しかも強調された形であらわれる」などの記述があります。

次に「パートナー」「抱き合う」などの要素は、「結婚」を示しているように思えます。「結婚」はしばしば、ふだん対立している二つのことが、対立をやめて、新しい一つの力に統一される、ということを象徴します。現実の結婚でも、男と女が出会い、お互いの異質さを認め合って一体化し、それが新しい命を生み出します。

この夢の中では、すでに死を控えている友達との結婚が示されています。死にゆくものと自分自身とが結合する、その場は秋である、ということから、知人の内的な世界が何らかの意味で「秋」を迎えており、その時間の中で、死んだ友人が持っていた力を自らのうちに取り込んで、自分自身を変えていく、というイメージが浮かび上がってきます。

こうしたシンボルの話を、夢を見た知人に話してみたところ、

「確かに、自分の中で、二十代くらいから今までやってきた仕事を、そろそろ完結させる時期かな、と思ってたかも」

と言いました。そしてさらに、こんな話をしてくれました。

「もちろん、人生がそれでおしまい、みたいなことじゃなくて、仕事の方向性を、変えていきたい、っていうことなんだけど……」

私は「どういうふうに変えていきたいの？」と聞きました。すると、

「うんと若いときは、ものを作る仕事がしたかったんだけど、それはどうせ無理だとあきらめてたのね。でも、今まで仕事をしてきてみて、『作る』ことも、できるんじゃないかなと思ったの」

と彼女は言いました。それから言葉をついで、

「死んだ友達は、学生の頃、私の夢を、褒めてくれたんだよね」

と言いました。

私は、彼女の言葉を聞いて、もう一度彼女の夢をたどってみました。そしてそこに、彼女の「今」が、ありありと象徴によって描かれているのを感じました。

「異性」の夢

前の二章に登場した知人が、また私に夢の話をしてくれました。どうも、記事を読んで「夢」に興味が湧いたようで、夢を見たあと、忘れないようにメモをする癖がついたのだそうです。

今度の夢は、こんな内容でした。

彼女は、若い男性と一緒に船に乗っていました。海がだんだん荒れてきて、やがて大きな波に呑まれ、彼女は気を失ってしまいました（夢の中で「気を失う」とはおもしろいことです！）。

彼女が目を覚ますと、居心地のよい島のような場所に寝かされていました。彼女は一緒に船に乗っていた男性が心配になり、探しに行きました。

やっと見つけた彼は医務室のようなところに寝かされていました。ですが、彼をよく見ると、なんと、彼は六、七歳くらいの小さな男の子になってしまっていました。彼は彼女に気づくと「お母さん」と呼んでしがみついてきたので、彼女は彼が可哀想になり、しっかり抱っこして「お母さん」の役割を果たそうと考えました。

眠り込んだ彼としばらく一緒に添い寝をしていると、やがて彼は目を覚まし、それと同時にもとの若者に戻りました。彼女は「自分の看病に効果があって、元に戻ったのだ」と感じ、安堵しました。

前回の夢（病気で瀕死の状態の男友達を抱きしめる）と、何となく共通点があります。この夢の話を聞いて、私は以前本で読んだ、こんな夢の話を思い出しました。

「……一人離れて海岸にいた。すると突然、海底から裸の少女の体が浮き上がってきた。私はあわてて助け上げ人工呼吸をする。私は彼女のかすかな息を感じてほっとする。（後略）」（『ユング心理学入門』河合隼雄／著　培風館）

この夢を見た「私」は、男性です。「瀕死の異性を救い出す」という点が、彼女の夢と、よく似ています。

私たちの夢にはしばしば「異性」が登場します。「性別」の定義は、現実社会ではなかなか複雑ですが、私たちは観念的に「男性」「女性」というイメージを抱えて生きています。「男性的なるもの」「女性的なるもの」のイメージは、非常に古い時代からかたくできあがっていて、時代が変わるにつれてどんどん変化しているようでありながら、そのおおもとの部分は、あまり変化がないように思えます。私たちは、神話や古い時代に書かれた物語などを読んでも、その「男性像」「女性像」に大きな違和感を感じません。

一般に「論理・力・冷静・攻撃性・責任・客観」などは男性的で、「感情・受容・柔軟・変化・従順・主観」などは女性的な要素だ、というイメージが強いと思います。ですが、現実の女性の中には論理性や攻撃性が個人差はあれど、ちゃんと存在しますし、男性の中にも感情のゆたかさや柔軟さは存在します。むしろ、男性が完全に男性的であったり、女性が女性らしさ以外の部分を持たなかったりすると、どこか「人間らしくない、空疎な人」という印象を受けます。いわゆる「頭でっかち」や「自分の考えがない人」に遭遇すると、私たちは意思の疎通ができないように感じて苛立ちます。さらに、女性が男性的な面のみに支配されていたり、男性が完全に女性的な力だけを用いて生きていたりすると、やはり、「人間らしい厚みを感じない」ということになります。

こう考えると、私たちが感じる「人間らしさ」とは、男性的な部分と女性的な部分の両方を持ち合わせたありかたなのだろうな、と思います。ですが、私たちは生活の中でしばしば、感情に支配されて自分を見失ったり、リクツに囚われて逃げ場を失くしたりすることがあります。そうした、一時的にでも「男性性」か「女性性」の片方が完全に凌駕されたような状態は、その人にとって「危機的な状態」です。

夢の中に出てくる「異性」は、私たちの中にいるもう一つの「性性」がどんな状態にあるかを象徴している、という考え方があります。つまり、彼女が見た夢の中の「子供になってしまった青年」や、前述の男性が見た夢の中の「おぼれかけた少女」は、それぞれ、夢見手の「内なる男性性」「内なる女性性」を象徴している、というわけです。

後者の夢では、夢を見た男性の「こころ」が、瀕死の少女によって象徴されています。この男性は心理カウンセリングを受けはじめるときにこの夢を見たのですが、本の中で、この夢はまさに「自分のこころをこれから生き返らせようとしている夢」だと解釈されていました。

知人が見た夢では、青年が溺れたり、子どもになったりしています。これは、彼女の中にある論理的な面、あるいは冒険的な面が、青年と子供の姿をして現れた、と捉えることができるかもしれません。彼女の内なる「男性性」は、溺れかけたり幼くなったりと、少々危うく頼りない状態になっているようです。が、彼女はその状況をなんとか改善しようと、母親のように献身的に看護しています。

私が知る限り、彼女は十分以上に論理的で行動的であり、どちらかと言えば女性らしさよりも男まさりなところを感じさせる人です。ですが、この「男性性」の話を彼女に聞かせたところ、少し考え込んで、こんなことを話してくれました。

二〇一一年のあの大震災以降、彼女は強い恐怖を感じると同時に、政治や原発などに関心を持ったそうです。そこで、インターネットや本や雑誌などを読み、自分なりに考えをまとめようとしました。でも、そこには「主流」と言えるような考え方がみつからず、幾つもの対立する立場と違った主張があるばかりで、何が本当なのかよくわからなくなってしまった、と言うのです。

友達との雑談の中で原発の話が出たときも、友達と自分の意見があまりにも違っていたためそのことについて話を続けることすらできず、ショックを受けた、と彼女は言いました。

夢の中の船を襲った大波は、震災の津波のようでもあります。彼女の中にある「論理的な力・思考力」のような男性的力が、大波のような恐怖に飲み込まれて、小学生のように幼くなってしまった、と彼女は感じているのでしょうか。あるいは「自負心」が弱まったということなのでしょうか。

もしそうなのだとすれば、その力を蘇らせるために、彼女が「母親」になる、という部分はとても興味深く思われます。現実には彼女に子どもはいませんが、母親が子どもをしっかり抱きしめている様子は、なにかとても肯定的なイメージを持っています。厳しく鍛えるのではなく、弱さをありのままに保護するイメージです。

たぶん、「何が本当なのかよくわからなくなってしまった」という告白は、彼女にとっては、少し恥ずかしいことだっただろうと思うのです。誰しも、自分の弱さや無力を認めることは、恥ずかしくもあり、辛いことでもあります。

思えば、前回の夢についての彼女の「連想」もまた、これからどういう仕事をしていこうか、という、社会に対して向かっていくことへの迷いや不安がテーマとなっていました。二つの夢は別々の夢ではなく、そのおおもとに同じようなテーマがうごめいているように感じられます。

彼女の内側で、今まで信じていた自分の力への自負がゆらぎはじめ、新たな形を模索し始めるような、不安定だけれどもどこか初々しい動きが生じているのではないか、と思えます。

それを彼女が受け止めようとしている、ということが、この夢の中にも、彼女自身の話の中にも、よく表れている気がしました。

夢の操縦法

二〇一二年の三月、夢にまつわる有名な「奇書」の日本語訳が刊行され、話題となりました。そのタイトルは『夢の操縦法』（エルヴェ・ド・サン＝ドニ侯爵／著　立木鷹志／訳　国書刊行会）。一八〇〇年代を生きたエルヴェ・ド・サン＝ドニ侯爵の、夢にまつわる不思議な研究書です。彼は十四歳の時から「夢」に興味を持ち、自分が見た夢を克明に記録する傍ら、夢を自在に見たり、夢の中で「意識を持つ」ことなどを試み、その研究成果をまとめたのがこの本です。

彼は訓練の結果、夢を見ながら夢の中で「夢を見ているのだ」と意識することができるようになりました。

「自分が夢を見ていることがわかって夢を見ているとき、（中略）特に印象的な夢を見ると、その都度、意志の力で眠りから覚めることができた。そして、つねにベッドの脇に置いてある鉛筆を取り、朦朧とした手探り状態で急いでノートに記録した。というのも、（中略）夢の印象はたちまち薄れていってしまうからである。」

こんな「夢の研究」のやり方を聞くと、浅く長い眠りと格闘する辛さが思われて、なんだか頭が痛くなってきます。侯爵自身、

「私は頭痛に悩まされ、夢を記録する作業を中断せざるを得ないと思ったが、少し精神を休息させる

と、夢の中で自己を追求することによって獲得した決定的な能力が損なわれることなく健康が回復し……」

などと述べています。やはり眠りと対決するのは、辛いもののようです。

もとい、侯爵の研究成果は奇想天外で大変に面白いので、ご興味のある方はこの本を是非、お手にとってみて頂きたいと思います。

この本には「夢研究の歴史」を語った章があり、そこに、アルテミドロスの『夢判断の書』の内容が例示されています。ここで挙げられている夢判断も、大変興味深いものです。

「ある男は頭からオリーヴが生えている夢を見て、懸命に哲学の勉強に励み、それにふさわしい学理と永くにわたる名誉を獲得した」

オリーヴの木は「常に葉が繁り、強固で、知恵の女神アテネに捧げられる聖樹」とされています。この木が「頭から生えてくる」ならばすなわち、自分は「知恵を授かる」はずだと、男は考えたわけです。

また、こんな夢判断も例に挙げられています。

「香油売りの男が鼻をなくす夢を見た。その後、彼は在庫を失い、商売が成り立たなくなった。鼻がなければ匂いをかぐことができないからだ。それからかなりたって、香油売りをやめた男は、同じように鼻を失う夢を見た。彼は詐欺の罪で、国外追放の刑を言いわたされた。というのは、顔の中でもっとも目に付く鼻を失うということは、醜く不名誉なことであるからである。この人物は、病気を患い、またもや鼻を失う夢を見て、まもなく死亡した。死者の頭蓋骨には鼻がないからである」

彼は同じ「鼻を失う夢」を三回見ましたが、その「判断」は都度、違った意味を持っていたのです。

オリーヴが頭に生えたり、鼻を失ったりする夢は、かなり奇抜な、荒唐無稽の夢と感じられます。ですがこれを「オリーヴ＝知恵、学問」とか、「鼻＝香油の在庫、名誉、命」といったように、連想によって紐解き、意味のある予言に置き換えるのが「夢判断」です。

さらに、辞書的に「鼻とは、いつもかならず命を意味している」のではなく、同じ鼻の夢でもそれが指さすものは状況によって変わります。

このように、夢の中には「比喩・連想・象徴」という作用が常に起動していて、その結びつきを読み解くことができれば、夢の言いたいことがハッキリするのだ、というのは、ごく古くからある考えのようです。

比喩、連想、象徴。それが本当に夢の中でそんなことを暗示しているのかどうか、それを確かめる術はありません。

でも、私たちは、夢の中に出てきたものがなにかを暗示していた、というアイデアを得たとき、「ああ！」と激しく感動することがあります。

先日、私はお皿を洗いながら無意識に「緑の丘の、赤い屋根、とんがり帽子の時計台、鐘が鳴ります、キンコンカン……」という古い歌を鼻歌で歌っていました。そこでふと「自分はなぜこんな歌を歌い始めたのだろう?」と考えました。特にその歌を歌いたくなるような理由が見あたらなかったのです。

自分の周りに起こっていたことをつらつらと見渡してみるうち、はっと気づいたのが「鐘の音」でした。家の近くには古い教会があって、たまにそこで鳴らされる鐘の音が、風に乗って聞こえてくるのです。それを耳にした私は、なにを意識するでもなく、自動的に「とんがり帽子の、時計台、鐘がなります、キンコンカン……」と歌い始めたわけです。

このことに気づいたとき、私は「ああ!」と声を上げて笑いました。

でも、もっとよく考えてみると、「本当に教会の鐘の音を聴いたから、鼻歌が始まったのか」は、どうにも、客観的証明ができません。「その通りだった」と示してくれるものは、なにもありません。本当は、鼻歌の原因など、なにもなかったのかもしれません。偶然、鐘の音が鳴った後に、私はごくランダムに、鼻歌にぴったり来るような歌を選んで、それがたまたま「鐘の鳴る丘」という歌だったのかもしれません。

ただ、私はその「鐘の音」のことを思い出したとき、笑ったのです。心から「そうだそうだ、鐘の音を聴いて、それで鼻歌を歌ったのだ!」という確信を感じたのです。

この「連想を紐解くと、そこに、笑いが起こるような不思議な確信が生まれる」ということを、おそらく誰もが経験したことがあるのではないでしょうか。

件の『夢の操縦法』の中で、エルヴェ・ド・サン=ドニ侯爵は、自分の見たこんな夢を紹介しています。

「私は、近所の娘の頬がビロードのようで桃に似ているという話を聞いていた。この比喩は別に新しくはないが、使われたのを聞いたのは初めてなので、私は衝撃を受けたのだった。その夜、私は大きな桃を果樹園から採ってきた夢を見たが、まさしくその娘の頬そのものだった。それは実に美味しそうで、本当の果物に相違ないと確信した。しかし、私はそれを切ったり、齧ったりすることはしなかった。自分が残酷な行動に移るのではないかと心配になり、不安を打ち消したが、それを克服することはできなかった。……」

娘の頬と、艶やかで美味しそうな桃の比喩が、鮮やかに夢に現れたというのです。侯爵も、昼間耳にした比喩と、夢に出てきた桃との鮮やかな結びつきに、心から納得していたに違いありません。

ちなみに、この夢にはなんだか、エロティックな雰囲気も漂っています。桃と言えば、私たちは「桃太郎」のお話に親しんでいますが、あのお話も実は、元型となった物語はかなりエロティックな要素を含んでいたようです。

連想、比喩、象徴。

これらは「夢にゾウが出てきたら幸運の意味です」「夢に先生が出てきたら、ルールやプレッシャーを意味しています」というような「夢占い」の辞書的な結びつきとは、かなり異なったしくみを持っています。「夢占い」の本に「このモチーフが出てきたら、このような運勢です」と書かれていても、桃の夢や鼻の夢のように、その意図するところはもっと深く、ゆたかなのだろうと思います。

フロイトの夢分析

夢か、現《うつつ》か。

澁澤龍彦『思考の紋章学』（河出文庫）によると、日本の古典文学には、「夢」という言葉が非常にたくさん登場するようです。たとえば、ある研究者が数えたところ、『源氏物語』には「夢」という言葉が一三六回も出てきました。

「儚」という文字にも「夢」の字が入っていますが、日本人の好む儚さ、もののあわれ、というイメージに、朝が来るとあとかたもなく消えてしまう「夢」は、いかにもしっくりくるのかもしれません。

仏教の世界では、現世にあるものは皆儚く、それに執着するから苦しみが生まれるのだ、と説かれます。たとえ現実のことであれ、いつかは消えてしまうのだから、それは夢と同じだ、という考え方が、文学の世界にも色濃くにじんでいるように思われます。儚く消えてしまう、たよりにならないもの、という意味で、現実は夢のようなもので、夢の方がよほど真実を捉えている、ということなのでしょう。

「わが思《おもひ》を人に知るれや玉匣《たまくしげ》　開け明けつと夢《いめ》にし見ゆる」

笠郎女《かさのいらつめ》が、恋人の大伴家持《おおとものやかもち》に送った歌です。美しい箱に、胸にあふれる熱い想いを密かに隠して、隠しておきながら、夢の中にその箱を開いてみたりする、という、ロマンティックな歌です。
この「玉匣」を文字通り、正倉院の玉虫厨子のようなきらきら光る美しい箱と捉えることもできますが、心理学的にはもう一つの解釈も成りたちそうです。「箱」は、女性の身体の中の空洞、つまり性器や子宮の象徴、と捉えることができるのです。それを「開け明けつと夢」に見るとは、非常にエロティックな含意がそこに、読み取れなくもありません。

愛する人への美しい恋文を、このように邪推するのは野暮なようですが、実際、夢の中に出てくるモチーフや出来事は、抑圧された欲望、特に性的な欲望を象徴しているのだ、というのが、有名なフロイトの理論です。
夢の分析と言えばまず、挙げられるのがジグムント・フロイトです。彼は夢の中に、人が心の奥に押し殺している密かな欲望と、押し殺されているが故の苦しみや矛盾を読み取ろうとしました。
彼が著書『精神分析入門』の中で解釈した夢に、次のようなものがあります。

「（夢見手の）かれは旅に出るところで、荷物は車で駅に運ばれる。たくさんのトランクが積まれたが、そのうちに見本のような黒い大きなトランクが二つあった。かれは慰めるようにだれかに向かって、『うん、あの二つは停車場までいっしょに載せてゆくだけだから』という」

フロイトは、この夢をこんなふうに分析しています。

「かれは現実にうんと手荷物をもって旅行しているのですが、同時にまた治療中にいろいろ女の話をうち明けています。その二つの黒いトランクは、目下かれの生活で主要な役割を演じている二人の黒人の女に応ずるものなのです。」（『精神分析入門・自伝』 ジグムント・フロイト／著 菊森英夫／訳 河出書房新社）

「トランク」が、「女性」の隠喩になっている、と彼は解釈したのです。笠郎女の「玉匣」のほうがずっとロマンティックですが、中が虚ろな、何かを入れるための「ケース」という意味では、この二つのイメージには非常に似通ったところがあると言えます。

彼の理論によれば、箱や地面に空いた穴、洞窟、あるいは瑞々しく丸い果実などは、何らかの意味で女性を象徴している可能性があり、一方、とがったかたちのもの、長くて固いものなどは、男性を象徴しているかもしれないわけです。

もちろん、これは大雑把すぎる解説ですが、少なくともフロイト的に解釈するなら、この歌の「玉匣」には、恋人を送り出した朝の女性の、内なる「うつろ」さが投影されていると想像できるのです。

子どもの頃はいざ知らず、大人になった私たちは、思い出しても赤面するような夢を見てしまうことが時々あります。

ですが、直接的に「性」を感じることのない夢の中にも、密かに隠されたエロティックなイメージが随所に隠れている、なんて、ちょっとドキドキしてしまいます。

フロイトが活躍した頃のヨーロッパは、性的なイメージを公の場ではとことん排除し、生活の中にもそうした欲望をできる限り抑圧しようとする文化の中にありました。他の宗教にも見られることですが、キリスト教もまた、「性」には厳格すぎるほど厳格です。

とはいえ、欲望は人間の生来の自然なものであり、これを過剰に抑圧することで、自分で自分をコントロールできないような症状、即ち、妙な神経症やヒステリーが起こるのではないか、とフロイトは考えたのです。

こうした性的な要素のみに寄らず、夢にはもっと広やかな解釈が成り立ちうると考えたユングは、親しかったフロイトと、やがて袂を分かちました。彼らが最後に議論した時、隣の部屋であり得ないほど大きな破裂音が二度起こり、この音を、ユングは「予兆」のように捉えたそうです。

性的なものであるにせよ、そうでないにせよ、心の中に秘めている思いが、夢の中ではあふれ出てしまう、という体験、けっこうたくさんの人に心当たりがあるのではないでしょうか。

特に、悲しい失恋のあとに、相手が優しく戻ってきてくれる夢を見る、などということがあります。この夢が予知夢のように現実になってくれればいいのに！と願うわけですが、たいてい、それは儚い夢に終わります。

おそらく、頭では解っていても心では受け入れられない現実について、心が夢を通してくり返し、自分に何かを語りかけてくれているのかもしれません。

さらには、ずっと以前に恋をしたけれど、もう長いこと思い出しもしなかった相手が突然夢に出てきて、びっくりさせられることもあります。

私たちの心は、自分で想っているよりもずっと深くて大きいもののようです。

一説によると、ごく直接的な「性的な夢」は必ずしも「性的」ではない場合も多いようです。前述の「トランク」や「匣」などのような象徴で語られる、一見なんのことやらわからない夢の方が、よほど「抑圧された性的な欲望」を語っていたりするわけです。

直接的な夢は、それ自体が別のことの象徴であって、決して性愛自体を語っているのではない、と説明されることもあります。

たとえば、錬金術の世界では、化学反応が男女の結婚の図にあらわされることがあります。「結婚」や「性的結合」は、分離していたものがくっついて、一つの完成された新しい形に「転生」するようなイメージを持っているのです。

私たちの心は、私たち自身が自覚するより、ずっと哲学的で、詩的で、複雑なのかもしれません。

もう一人の自分である「夢」

この稿を続けるうち、読者の方から「記事を読んで、忘れてしまっていた夢を思い出しました」というメッセージを何度か、頂きました。

いつ見たのかも忘れてしまった夢のワンシーンを、ふとした拍子に思い出す、というのは、誰しも経験があることではないでしょうか。

「ネバー・エンディング・ストーリー」のタイトルで映画化されたミヒャエル・エンデの『はてしない物語』（上田真而子、佐藤真理子／訳　岩波書店）は、児童文学の名作です。

この本には、「忘れてしまった夢」を掘り出しにゆく、という章があります。

主人公バスチアンは、本を読んでいるうちに、本に描かれたおとぎばなしの世界「ファンタージエン」に入り込んでしまいます。そして、本の中の物語のなかを英雄として旅するうち、万能の力とひきかえに、自分の記憶を失っていくのです。

ですが、本の中から元の世界に戻るには、「現実の世界にいたときの記憶」を持っていなければなりません。

そんなとき、バスチアンはこの「ヨルのミンロウド坑」にたどり着きます。そこで、彼は意外な秘密を教えられます。

「一度見られた夢は、無に帰すということはない。だが、それを見た人間が覚えていない夢はどこへゆくのか？　ここ、ファンタージエンにきて、地下深くにおさまる。忘れられた夢は、地下で、うすいうすい層になり積み重なってゆく。（中略）全ファンタージエンが、忘れられた夢の基盤の上にあるのだ」

バスチアンは、薄い雲母の板に描かれた絵を、真の闇の坑道で採掘し続け、ようやく自分がずっと以前に見た「夢」を掘りだすことができます。その「夢」は、白い上っぱりを着た一人の男が、片方の手に石膏の歯形を持って、透明な氷の塊に閉じ込められている絵でした。

男はバスチアンの心の中で、こう叫びます。

「助けてくれ！　わたしを見捨てないでくれ！　一人ではこの氷から出られない。助けてくれ！　わたしをここから救いだせるのは、きみだけだ。きみだけなんだ！」

『はてしない物語』は、一見して「バスチアンの冒険物語」ですが、その一方で、非常にリアルな現代ドラマでもあります。

というのもバスチアンは病気で母親を亡くし、残された父親との生活は生気を失っています。弱気で空想的なバスチアンは学校でもいじめられており、居場所をなくしているのです。

そんな、それこそ「氷に閉じ込められた」ような主人公の生活が、この物語のラストでやっと「氷解」します。父との関係に温かい血液が流れはじめ、バスチアンは心に小さな勇気の炎を得るのです。

以前、ある老練な編集者が、こんなことを私に話してくれたことがあります。

「本当に優秀な作家は、小説家でも漫画家でも、『本当に見たことのある景色』しか、書かないものだ」

もちろん、創作されている物語は「フィクション」で、現実に起こったことではありません。ただ、その「シーン」や「風景」「心情」などは、あくまでリアルにその作家が体験したところに材料を得ていて、決して「見たこともないものを適当に描く」ということをしないものだ、というのです。

フィクションの中に出てくる「夢」なんて、作家がもっとも「自由に、恣意的に、どうにでも描けるもの」のような気がします。

でも、私は思うのですが、どんなに荒唐無稽だったとしても許される「小説の中の夢」が、実際はもっとも「創作」しにくいものではないでしょうか。うその中の誠、まことのなかの嘘。

私も物書きの端くれですが、フィクションであっていい場面ほど「嘘」がつきにくい、ということがあります。

もしかすると、私たちは多くの小説やドラマの中で、そうとは意識せずに「他人が実際に見た夢」を見ているのかもしれません。

「赤毛のアン」シリーズは、少女文学と見なされがちですが、内容はたいへん現実的です。主人公のアン本人はとても夢見がちな少女ですが、夢見たことが現実の中で雲散霧消してしまう「幻滅」と、その幻滅を乗り越え、あるいは夢を再生させながら生活を営むことは、この作品の中の主要なテーマの一つとなっているように思えます。

ゆえに「神秘的なこと」が起こるという描写は、作中、非常に少ないのです。

その「神秘的なこと」が頻出するのが『アンの娘リラ』（L.M.モンゴメリ／著　村岡花子／訳　新潮文庫）です。この作品では、第一次世界大戦下を生きるアン一家が描かれています。

神秘的エピソードとしては、まず、犬のマンデイの逸話があります。アンの息子、ジェムの愛犬であるマンデイは、ジェムが出生した後、ずっと駅で彼を待ち続けます。さらに、ジェムの弟であるウォルターが遠くヨーロッパで戦死した夜、それを察知したかのように遠吠えを繰り返しました。一方、ジェムが行方不明になってもマンデイは一声も吠えることなく、ジェムは傷を負いながらも終戦後、無事に帰還するのです。人間が情報と憶測に一喜一憂する中で「犬のマンデイは知っていたのだ」という「事実」に、人々は深く感動します。

さらに、アンの家に下宿中の教師、ガートルード・オリバーの「予知夢」があります。彼女は作中、三度の予知夢を見ます。これらは全て「村の海辺」の風景でした。

一つ目は、村に波が押し寄せ、村を飲み込んでしまう夢。次は、村がはげしい嵐に飲まれる夢。最後に見たのは、村からどんどん水が引いてゆき、目が眩むような美しい虹が架かる、という夢でした。

この三つの夢は、「戦争の始まり」「戦況の悪化」「勝利と戦争の終了」を知らせるものであったと、作中では解釈されています。

第一次世界大戦が終了したのが一九一八年、「リラ」が発表されたのが一九二一年ですから、モンゴメリは自分が生きた戦時下のカナダの市民生活をそのまま、そこに写しとったのだろうと思います。なぜなら、大切なものを失う絶望、愛する人を心配して身も細るような日々、物質的な欠乏に苦しむ毎日を、今まさに過ごしたばかりの「読者」に対して、自らも身をもってそれを体験した一人として、戦後たった二、三年のうちに、単なる想像に基づく物語など、決して書けるものではないはずだからです。

ですからこの夢もまた、きっと戦争の中で誰かが本当に見て、周囲に語った「現実」だったのではないかと、私は想像するのです。

バスチアンが見つけた夢、戦争の展開を報せる夢。

これらのエピソードに共通しているのは「人生の危機的な場面に、神秘的な夢が登場する」という点です。

「夢」という言葉は、「夜見る夢」であると同時に、「未来に叶えたい願い」の意味で使われることもあれば、「夢の国」というような「ファンタジー」の意味で用いられることもあります。

英語のdreamがやはり、夜見る夢であると同時に、未来に憧れるという意味での夢という意味、あるいはファンタジーという意味をも持っていることを知ったとき、私は驚きました。

夜見る夢の中には「悪夢」のように恐ろしいものもあります。それなのに、なぜ複数の文化において共通して、「夢」が「希望」や「ファンタジー」と同じ言葉で表現されるのでしょうか。

実は、占いの世界では「未来の夢」と「友達」は、同じ枠の中に入れられることがあります。

たぶん、私たちはどんなにひとりぼっちの時にも、もう一人の自分である「夢」を、自らの友とすることができるのです。そしてさらに、その友の言葉の中に何かしら「希望」を見いだすことができるのです。

だから「夢」は「希望」であり、「友」であり、さらに、目覚めているときも私たちの心をゆたかに解放し遊ばせてくれる「ファンタジー」でもありうるのではないか。

そんなふうに、私は考えています。

第三章
夢の相談室

マグカップの夢〈Norisaさんの夢〉

私が見た、印象的な夢は「マグカップ」です。

とても短い夢なのですが、先月別れた彼が出てきました。二人で向かい合ってマグカップに入った飲み物を飲もうとしています。ふと周りを見渡すと、周りに無数のマグカップがズラ————ッと並んでいます。体育館ぐらいの広さの部屋の中にマグカップがずらり。

柄はバラバラですが色はみんな白っぽいものです。周りのマグカップには中身は入っていません。不思議に思って彼の顔を見ると寂しそうに笑っていました。

（石井さんからの回答）
カップが表す心

ふしぎな夢ですね。

「先月別れた彼」とおっしゃっていますが、近況に「片思いだった彼を諦め……」ともおっしゃっています。

このあたりもすこし、気になるところです。

「カップ」は、タロットの「カップ」のカードを連想させます。

タロットカードの小アルカナには4つのモチーフがあり、それぞれ、誰もがよく知っているトランプのモチーフと対応しています。

棍棒（ワンド）→クラブ
剣（ソード）→スペード
聖杯（カップ）→ハート
金貨（ペンタクルス）→ダイヤ

となります。

「カップ」は、「ハート」であり、これは、私たちが日常的に用いる「ハートマーク」の意味に通じます。私たちは、「ハート」の記号を使うとき、ラブリーさとか、相手への好意などを表そうとします。つまり、「ハート＝カップ」は、愛情や感情、かわいらしさなどを象徴するのです。

Norisaさんの夢における「マグカップ」が、この元型的な象徴である「ハート」に通じる「カップ」になぞらえられるかどうかはわからないのですが、仮に、その観点に立ってみますと、「回りのカップが空っぽだった」ということは、なかなか意味深です。カップが「ハート」、イコール「心」や「愛」を象徴するのは、盃が酒を湛え、心臓が熱い血液を湛えているからです。本来、この「カップ」は、空っぽではないのです。

Norisaさんは、片思いの彼を諦めることを決断しつつ、今、それに苦しんでいらっしゃる、とのことでした。

この夢のお話を読んで、お互いがいる空間の中に、充たされたカップは、お互いの手の中にしかなく、他のカップはみんな空っぽである、ということを、Norisaさんは、必死に受け止めようとしていらっしゃるのだろうという感じがしたのです。愛を求めて、それが受け入れられない、充たされない、ということは、本当に悲しく、つらく、とても受け入れ難いことです。

そのことを懸命に受け入れることから、新しい愛で器を充たす作業に移っていくことができます。

また、Norisaさんと彼が、お互いにカップを持って、その中にあるわずかな「情」を飲もうとしていることは、Norisaさんの片思いが「ゼロ」でなかったということもわかります。Norisaさんの恋は、片思いに終わったとはいえ、そのカップの全てが空っぽだったわけではなく、ちゃんと、飲むべきものもあった、ということなんだろうな、と思いました。

もしかすると、「体育館ほども大きい部屋」も、一つの大きな「カップ」なのかもしれません。

そんなにも大きい、Norisaさんの「愛する心」が、この夢に現れているような気がしたのです。

★（Norisaさんからのコメント）

大好きな石井ゆかりさんに、夢占いをして頂けて本当に嬉しいです。鑑定結果を読んで、涙が出ました。

「お互いにカップを持ってその中にあるわずかな『情』を飲もうとしていることは、Norisaさんの片思いが『ゼロ』でなかったということもわかります。Norisaさんの恋は、片思いに終わったとはいえ、そのカップの全てが空っぽだったわけではなく、ちゃんと、飲むべきものもあった」との言葉に救われました。

常に満たされることがなく、自分を保つために諦めた恋愛でしたが、私の心の奥底は、ちゃんと彼のくれた「わずかな飲み物」を感じられていたんだな、自分のことを褒めてあげたいです。

実は来月、彼に再会することになり動揺していました。このタイミングで石井ゆかりさんに占って頂いたということ自体が大きな意味を持っているような気がします。

わずかでも、マグカップに注いでくれた彼に感謝できるようになりたいと思います。

火山の夢〈ボンボンさんの夢〉

最近見た夢です。

誰かに面白いところがあるからと誘われて高層ビルの高層フロアのパーティのようなところへ行きました。照明も集まっている人もゴージャスでキラキラ、ちょっと胡散臭いビジネスの匂いもするような集まりで、なぜかそこで歴代首相だか武将の生首のコレクションがあるといって、みんながざわざわしながらもショーケースを見ていました。

リアルか作りものかわからないけれどとにかく怖いし気持ち悪いので、そこを離れ、ガラス張りの窓の方へいってみると、なんとそのすぐ眼下に、ぱっくり口を開けた火山の火口がみえました。

そこは真っ赤なマグマがうごめいていてシューシュー煙も上がったりしていて、それを上から見下ろす位置にいるのが不思議でなりませんでした。

するとそばにいた人が、すごいだろ、富士山をこんな間近でこんなふうに上から見下ろせるのは、ここしかないんだよ、といいました。

本当ならそんなことはあり得ないはずなのだけど、すごい貴重な場所にこれてラッキーと思いながら、いつまでも飽きずに眺めていました。

（石井さんからの回答）

火山にみなぎるエネルギー

非常に印象的な夢ですね！

お話からビジュアルが目に浮かぶようで、きらびやかさやグロテスクさなどが鮮やかに伝わってきます。

この夢の特徴は、まず「高さ」が強調されている点です。高層ビル、ゴージャスさ（値段が高い・社会的地位が高い）、首相や武将など「支配者」という高い地位の人々、果てには富士山を上から見る（！）など、何度も何度も「高い」というモチーフが出てきています。

でも、その「高さ」が、どこかでちょっと笑われているような感じも面白いです。

というのも、ゴージャスな人々は「ちょっとうさんくさいビジネス」に関わろうとしていますし、武将や首相も首を切られてしまっています。

さらには、富士山は「見下ろされて（！）」いるんです。

ボンボンさんは最近の状況について、「最近は仕事が忙しかったのが一段落したところでガクッと気が緩み、体調を崩してアップダウンを繰り返しています。

そこへ元カレがとても有名になって新聞やネットに取り上げられていることを知って、自分がつまらない人間に思えてしまって落ち込んだりもしています」

と書かれています。

「落ち込んでいる」、つまり「低い場所にいる」と書かれているボンボンさんは、夢の中では「非常に高いところにいる」わけです。そして、その「高さ」が、なんとなく「低く見られて」もいます。夢に描かれているこの「高さ」と「低さ」のからくりは、とても興味深く感じられます。

ボンボンさんは近況に、こうも書かれています。

「けれどそれとは別に、久しぶりに新しいことがしたくなって前に申し込んでおいた大学の生涯学習で語学などを習い始めてもいます」

この「前に申し込んでおいた」というのが、大地の奥深くに眠っていた後で勢いよく目覚める「火山」の動きに、なにか、よく重なる気もします。

これは、「火山」が、語学の勉強のことを意味している、というだけのことではなく、なにか勢いのいい力が、ボンボンさんの中から爆発的に吹き上がってこようとしているのかな、という感じがするのです。

人間は、最初、親とほとんど融合したような状態で育ちますが、その後、何度か反抗期を経験し、徐々に親から分離します。

ですが、反抗期の激しい反抗は、そのままずっと続くのではなく、いつの間にかその人の中にちゃんと着地して、その後、親と良好な関係を再構築することがほとんどです。

この「反抗→再構築」という動き（心理学用語では「分離」「統合」）の過程において、「反抗」「分離」といったものが「山」に象徴されることがあります。

山は古来、神様に近い場所と考えられ、神的な力を象徴するモチーフです。

山は大地を分けます。山を越えることはとても大変なことです。ですから、山は人と人との隔たり、それまでの環境からの分離を象徴することがあるわけです。

人は、ずっと信じていたり頼っていたりするもの、自分と融合するような状態にあったものから、一旦離れて、自分一人の旅をし、その果てに、もう一度、もう一人の自分と出会う、というようなプロセスをたどることがあります。反抗期→反抗期終了というのはその典型的なプロセスですが、大人になってからも、この「分離」と「統合」の作業が必要になることがあるわけです。

たとえば、「元カレ」も、恋人が元カレになる、そして自分の知らない顔を得て行く、というのも、一つの「分離」と言えると思います。

分離した後、人は自分の道を歩き、新たな「統合」を目指すことになるわけです。

この作業には危険も伴うため、ボンボンさんの夢にも「非常に高い場所」「活火山」という具合に、危機感が表現されているのかもしれません。

でも、夢全体に、古い状態や価値観から一旦離れて、もっと新しい力に出会おうとしているパワフルな雰囲気がみなぎっている気がします。

子どもが親離れするときのように、あるいは少年が青年になり、初めて社会に出るときのように、そこには不安定さや危険さ、脆さもあるわけですが、それを乗り切るような力強いエネルギーもちゃんと備わっています。

ボンボンさんは、人生の曲がり角で、そうした初々しくもパワフルな局面に、遭遇しているのかもしれませんね。

★（ボンボンさんからのコメント）

たくさんの夢の中から、私の夢を選んでくださってありがとうございます！

全てが現実離れした映画のセットのようでもあり、眩しさや、妖しさに目をそむけたいけれど恐いもの見たさもあって身動きできないような夢。

その中のキーワードが「高さ」、であることに、ゆかりさんの解説で初めて気づきました！　もともと高所恐怖症なので、下を見下ろしただけでクラクラするのですが、その揺れる眩暈のような感覚が、全てに通じているような気がしました。しかも、その「高さ」に、いくつもの意味があり、その裏にも更に理由づけがあるという……もう、目から鱗なことの連続でした。「高さ」と「低さ」そしてそこに潜んだ自虐や嘲笑……。

もともと東京タワーと富士山が大好きで、最近、富士山噴火予測の話がでていることもあってか、無性に火山の噴火するエネルギーや、そのパワーを身体全身で感じたくなり、春先、父を連れて九州の阿蘇に行こうと思っていてそれが延期になったので、近場で同じようなことを味わいたくてGWに箱根に行きました。旅のために、阿蘇のこと、箱根のこと、調べていてたくさん画像なども見ていたので、それが夢に出てきたのかと思ったりしていました。

複数の「高さ」に対する様々なネガティブな感情が、ちょっとひねくれた形で現れていたんですね。

だから、ゆかりさんがマグマの噴火を私がパワーをためて新たに生まれかけている、と解釈してくださったことは本当に思いがけないことで、ポジティブな方向を私に指し示してくださって、驚き、またありがたく思っています。

明日なんて吹っ飛んだって良いなんて捨て鉢になっているわりに非常に、この先が楽しみになってしまうお言葉をいただきました。よおーく心に留めておきたいと思います。

★ 牡鹿を撃つ夢〈からさきさんの夢〉

ふと気がつくと、私はよく知っている近くの道路の真ん中に立っていました。普段は交通量の多い道路なのに、そのときは車は全く通っていませんでした。そのまま道路をまっすぐ歩いていると、後ろに立派な角をもった大きな牡鹿が現れました。

するとその牡鹿は急に私をめがけて突進してきたのです。

驚いた私は、なぜかそのとき背中に背負っていた猟銃（そのとき初めて猟銃の存在に気がついた）で、その牡鹿を撃ちました。

弾は牡鹿の額に命中し、牡鹿は倒れました。

私はまた道路をまっすぐ歩きはじめました。

するとしばらくしてからさっきの牡鹿がまた追いかけてきたのです。

私はまた銃で撃ちましたが、それでもなお牡鹿は追いかけてきます（弾は命中している）。

怖くなった私は、ひたすら走って逃げました。

気がつくと知っていたはずの道路がいつのまにか森の中に変わっています。「牡鹿に追いつかれて突撃される！」

と思ったとき、隣に大きな岩が現れました。私は必死の思いでその岩によじ登りました。

　すると、牡鹿は気づいた様子もなく、そのまま道をまっすぐ走り抜けていってしまいました。

　助かったと私が安心していると、そこにかわいらしい狛犬のような生き物が現れました（アニメ「おじゃる丸」に出てくるオコリンボウのような犬）。

　その生き物が「その岩は神様の岩だから、登るなら三〇〇円寄越せ」というのです。生き物のいうとおりに、三〇〇円を払ったところでその夢は終わりました。

　ちなみにこの夢を見たのは中学生の頃だったので、今から四～五年ほど前のことです（ちなみにその年の初夢でした）。そのときは学校を不登校気味でした。

　とにかく奇妙な夢だなあと思っています。上にも書いたとおり、だいぶ前に見た夢なのですが細部まではっきりと覚えています。追いかけられているので、精神的に不安があったのかなとは思いますが、最後の「神様の岩だから三〇〇円寄越せ」というのが特に奇妙な感じがします。夢から覚めた後、「神様なのに三〇〇円って安っ」と思ってしまいました。

　また、私の夢は、自分が主人公なのではなく、まるで映画を見ているように、第三者の視点からの夢が多いので、この夢は自分が主人公だという点でも気になりました。ずっと気になっている夢なので、意味を知ってみたいです。

（石井さんからの回答）

神様や聖なる者、権威者と結びつけられているモチーフ

神秘的で面白い夢ですね。

牡鹿は、多くの文化圏において、神様や聖なる者、権威者と結びつけられているモチーフです。立派な角が超自然的な力の象徴のように感じられるからかもしれません。また、鹿の角は生え替わることから、再生や復活の象徴とされることもあります。

　そうした、神聖な偉大さを感じさせるものを、からさきさんは銃で撃ち抜いています。

額の真ん中を撃ち抜くというのは、相当なことです。

からさきさんが「戦う力」を持っているということがこのことから窺われます。

何と戦うかはさておき、弱い態度でいるわけではないということだろうと思われます。

でも、牡鹿は死にません。

からさきさんは怖くなりますが、これは牡鹿が「戦って倒せる相手ではないとわかった」ということなのだろうと思います。

そして逃げ出して、「岩」にたどり着きます。

岩もまた、「姿を変えないこと・硬さ」から神様と結びつけて考えられることが多いのですが、からさきさんは狛犬のような犬に「これは神様の岩だ」と言明されています。もしかすると、この「神様」は牡鹿のことであったかもしれないと思います。

あるいは、牡鹿と岩は同じような存在で、神様を象徴するものであったかなという感じもします。

牡鹿という「神様的なもの」を攻撃し、さらに神様の岩に勝手に登ってしまったのですから、からさきさんはかなり「おそろしいことをしてしまった」状態になっています。

なのに、狛犬は「三〇〇円よこせ」で話を済ませていて、からさきさんも「安い！」と思っているところが非常に面白いなと思います。これだけのことをしたのに、ペナルティはけっこう安く、それも、お金という非常に現実的なものが出てきているわけです。

これを見た頃、不登校気味だったそうですね。

そして、この夢のことをこの企画に投稿して頂いた今、予備校生でいらっしゃるとのことですが、この二つの「社会的状態」は少し、似ています。

学校に登校するとか、進学するとかいった「社会的な要請」から、からさきさんは一時的に、少し逸れた状態にいらっしゃるわけです。

実は私も大学時代、一年留年したことがあるのですが、そういう状態の時というのは、自分が何か悪いことをしているような、決まりを破ったところに置かれているような気がするものではないかと思います。

誰かを傷つけたわけでも、誰かから何か奪ったわけでもないわけで、ぜんぜん「悪いこと」なんかしていないのですが、漠然とした罪悪感を感じるわけです。

この夢の中で、からさきさんはとてもアクティブです。闘い、走って逃げ、よじ登り、狛犬と話をしています。自分の力ではどうすることもできない不可思議な力に対して、自分なりに挑もうとし、挑んだ結果、必要なのは「三〇〇円」です。

たぶん、からさきさんは不登校や予備校生活といったものを、自分で思うよりもずっと現実的に、容易に乗り越えていくことができるということではないかなと思いました。

そして、それを乗り越える時に（今まさにそうした状態にあるわけですが）、牡鹿や岩の持っているような、特別で神聖な力に「触れている」のだろうな、と思いました。

その体験は、現実にどんな形で起こるのかは解らないのですが、たぶん非常に貴重なことなのかもしれない、と思いました。

一時的に、社会的なレールから「逸れた」ことによって、逸れなかった人とは違う、特別な世界に触れることができたということなのではないかと思いました。

この夢には、牡鹿や猟銃、大きな岩、犬など、「男性性」を感じさせる要素も随所に表れている気がします。

女性は少女から大人へと成長する過程で、だんだんに「男性性」というものに出会って、それと闘ったり、或いは自分の中にそれを育てたりしながら「道を進んでいく」ことになります。

また、現代社会はまだまだ「男社会」ですから、進学し、社会に出て行くということそのものが「男性性との出会い」ということもできるかもしれません。

女性の中にもちゃんと「男性性」はあって、例えば私たちが競争に勝とうとしたり、努力によって苦難を乗り越えようとしたり、論理的客観的に考えて、自分の道を進もうとしたりするとき、私たちは「男性性」を用いていると言えます。

「あまり自分が主人公になっている夢を見ない」と書かれていましたが、からさきさんはもしかすると、「客観的であろうという気持ち」が強い方なのかもしれません。

つまり、内なる男性性が強い方なのでは、という感じがします。

「猟銃」という非常に攻撃的なものを自分のものとして扱い、牡鹿の眉間に命中させているのですから、この男性性の鋭さは相当以上なものと感じられます。

ですが、そうした鋭い男性性を持っているにもかかわらず、牡鹿という「もっと大きな男性性」は、からさきさんの銃に打ち倒されることがありません。

さらに、それを「打ち倒す」のではなく、「岩に登って三〇〇円払う」という手立ては、たいへん興味深いところです。

女性である自分と、内なる男性性とがどのように「統合」されていくか。

ユング心理学の用語では、この「内なる男性性」を「アニムス」と呼びます。

からさきさんの夢の中に表れた「アニムス」とおぼしきものたちの生き生きとした躍動感は、からさきさんが人生を自分の手で切りひらこうとしている、わかわかしくたくましい姿を描き出しているようにも、思えるのです。

★（からさきさんからのコメント）

私の夢を診断してくださって有り難うございます！

まさか本当に選ばれるとは思っていなかったのでとても嬉しいです。

私はずっと自分の中に弱さを感じていて、自分に自信があまり持てなかったのですが、この夢の解釈で「戦う力を持っている」「人生を自分の手で切りひらこうとしているわかわかしくたくましい姿」、と言ってもらえて、自分の中にはそんな強い自分がいるのかもしれないと、少し勇気づけられました。

また、この夢をみた不登校の時の自分と、浪人中である今の自分とが、社会的なレールから一時的に逸れているという点で、似たような状態にあると言われて、なるほどなと思いました。

そう考えてみると、中学の時からずっと気になっていた夢ですが、今この時に石井さんに診断してもらえたことに意味があったのかなとも思いました。

今の自分は石井さんに言われたように、どこか罪悪感を感じていて、これからのことで不安がいっぱいですが、この夢のように案外簡単に乗り越えることが出来ると信じて励んでいきたいです。

とにかく今まで奇妙なだけの夢でしたが、石井さんのおかげで自分を励ましてくれるような明るい夢だと思えるようになりました。

この夢を見たことを大切にしていこうと思います。

おわりに

この本は、月刊MOEに十二回にわたって連載された「夢のおはなし」をまとめたものです。そこに「シンボルのおはなし」のページを書き下ろして付け加えました。

二十代のころ、河合隼雄先生の著作からユング心理学を愛好するようになった筆者にとって、夢の世界はとても身近に感じられました。

とはいえ、連載の趣旨はあくまで「自分自身の夢を身近に感じていただきたい」ということだったので、フロイトやユングの心理学につきものの専門用語には、極力触れずに書くことを心がけました。さらに、ユング心理学のあの強烈な魅力に飲み込まれてしまうことなく、できるだけ広範な「夢の話」をとりいれることを意識しました。

仕事を始めてみると、忘れてしまっていること、記憶違いをしていることなどがたくさん見つかり、かつて何度も読んだはずの本をもう一度ひらいて読みふける、というようなことを何度も繰り返しました。そんなこんなで、この連載の仕事は私にとって、当初想像していたよりもずっと困難な道のりとなりました。

今、こうして一冊の本にまとめることができ、苦労が報われたようなうれしさとともに、「専門家でもない一介のライターが、なんと大それた仕事をしてしまったのだろう」という、いささかの胃の痛みも感じています。

この本は、フロイトやユング心理学の概念を参考にしていますが、やはり「当たるも八卦あたらぬも八卦」の占いの世界を出ない本です。

占いもまた、心理学の世界の片隅におかれるべき「人の心の不思議」を担う道具ですが、心理学を裏づけとしているというわけではありません。心理学の側からの「研究対象」ではあっても、心理学そのものではありえません。きちんとした心理学を学びたいとお考えの読者は、ぜひ巻末の参考文献に当たってみられることをお勧めします。

最後になりましたが、ちょっとした心理学オタクでしかない、なんとも頼りない一介のライターである筆者に執筆のチャンスを下さり、終始、辛抱強く原稿につきあってくださった編集者の内山さんに、深く感謝いたします。本当にありがとうございました。

二〇一二年十月二十四日　20:26　出張中の東京渋谷にて　　石井ゆかり

初出

第一章 シンボルのおはなし　本書のための書き下ろし
第二章 夢のおはなし　月刊 MOE2011 年 11 月号～ 2012 年 10 月号連載
第三章 夢の相談室　MOEweb（http://www.moe-web.jp）「石井ゆかりの夢占い」より抜粋

第二章・第三章は、単行本化にあたり、一部加筆・訂正をしました。

☆

参考文献

『ユング心理学入門』河合隼雄／著　培風館
『昔話の深層　ユング心理学とグリム童話』河合隼雄／著　講談社プラスアルファ文庫
『元型論』カール・グスタフ・ユング／著　林道義／訳　紀伊國屋書店
『妖精物語から SF へ』ロジェ・カイヨワ／著　三好郁朗／訳　サンリオ SF 文庫
『空間の詩学』ガストン・バシュラール／著　岩村行雄／訳　筑摩書房
『遺体―震災、津波の果てに』石井光太／著　新潮社
『中国の夢判断』劉文英／著　湯浅邦弘／訳　東方書店
『無意識の心理』カール・グスタフ・ユング／著　高橋義孝／訳　人文書院
『人間と象徴』カール・グスタフ・ユング／著　河合隼雄／訳　河出書房新社
『シッタールダ』ヘルマン・ヘッセ／著　岡田朝雄／訳　草思社
『世界の大思想第 30 巻　フロイト　精神分析入門・自伝』
ジグムント・フロイト／著　菊森英夫／訳　河出書房新社
『夢の操縦法』エルヴェ・ド・サン＝ドニ侯爵　立木鷹志／訳　国書刊行会
『図説 世界シンボル事典』
ハンス・ビーダーマン／著　藤代幸一、伊藤直子／訳　八坂書房
『夢判断の書』アルテミドロス／著　城江良和／訳　国文社
『思考の紋章学』澁澤龍彦／著　河出文庫
『はてしない物語』ミヒャエル・エンデ／著　上田真而子、佐藤真理子／訳　岩波書店
『アンの娘リラ』L.M. モンゴメリ／著　村岡花子／訳　新潮文庫
＊現在は入手困難なものも含まれます。

夢を読む

2012年12月4日　初版発行

著者／石井ゆかり　
発行人／藤平 光
発行所／株式会社 白泉社
〒101－0063　東京都千代田区神田淡路町2－2－2
電話 03－3526－8060（編集）　03－3526－8010（販売）
03－3526－8020（制作）
イラスト／西淑
ブックデザイン／名久井直子
印刷・製本／大日本印刷株式会社

白泉社ホームページ　http://www.hakusensha.co.jp
MOE web　http://www.moe-web.jp

HAKUSENSHA Printed in Japan
ISBN 978-4-592-73272-3
JASRAC 出 1213033-201